我们一起解决问题

出海·征途

解码中国企业全球化之道

黄兆华◎著

人民邮电出版社
北　京

图书在版编目（CIP）数据

出海·征途：解码中国企业全球化之道 / 黄兆华著
. -- 北京：人民邮电出版社，2020.1
ISBN 978-7-115-52395-2

Ⅰ. ①出… Ⅱ. ①黄… Ⅲ. ①企业发展－研究－中国
Ⅳ. ①F279.23

中国版本图书馆CIP数据核字(2019)第237353号

内容提要

信息技术的快速发展、全球产业链和供应链的构建以及资本流动促使全球化浪潮势不可挡，而其背后最大的推手和赢家就是跨国公司。随着国内经济增速的放缓，越来越多的国内企业开始聚焦开发面向全球的新市场，尤其是配合国家“一带一路”倡议，开拓“一带一路”沿线国家的市场。

本书作者基于多年海外实战经历，以及帮助中国企业开拓海外市场方面的丰富咨询经验，从战略、组织结构、人才储备、领导力以及风险防范等角度，分析了华为、吉利、柳工、大疆、传音等企业的全球化之路，系统地阐明了国内企业走向海外市场时将面临的挑战、机遇及应对方法，总结了一条符合中国企业特色的全球化发展道路。

对于渴望进驻海外市场并获得一席之地的国内企业和企业管理者来说，本书具有非常重要的战略指导意义和参考价值。

◆ 著 黄兆华
责任编辑 曹延延 王飞龙
责任印制 彭志环
◆人民邮电出版社出版发行 北京市丰台区成寿寺路11号
邮编 100164 电子邮件 315@ptpress.com.cn
网址 http://www.ptpress.com.cn
北京捷迅佳彩印刷有限公司印刷
◆开本：720×960 1/16
印张：16 2020年1月第1版
字数：280千字 2025年3月北京第16次印刷

定 价：59.00元

读者服务热线：（010）81055656 印装质量热线：（010）81055316
反盗版热线：（010）81055315

推荐序一

致敬改革开放，致敬“一带一路”

李书福

浙江吉利控股集团董事长

改革开放四十多年来，成千上万的中国企业已经全面融入了经济全球化的大潮之中。

吉利汽车正是这些中国企业中的一员，因为改革开放的历史机遇，吉利从无到有，从小到大，由弱变强，从小山村走向全中国、走向全世界。

汽车产业是全球性产业，企业只有发展全球化事业，才能在未来赢得一席之地；21 世纪是科技革命、产业变革、商业重塑的世纪，全球化与科技创新两大洪流汇聚在一起，为企业的未来发展提供了无限的可能。

这些年来，吉利在全球化发展和科技创新的道路上进行了积极的探索。无论是收购沃尔沃汽车，投资戴姆勒股份公司、沃尔沃集团、宝腾、路特斯，还是收购美国 Terrafugia 飞行汽车公司，投资曹操出行、国铁吉讯和德国 Volocopter 空中出行公司，都是吉利秉持这种发展信念的结果。

今天的中国制造业依然面临如何实现从全球价值创造链的中低端走向中高端的现实挑战，这是考验中国制造业的关键时刻。如何推动经济的高质量发展，如何实现全球价值链的有效利用与合作共赢，如何实现稳健地转型升级，如何实现合规发展，是摆在我们面前的重要课题。

吉利控股十余年来的全球化探索，有以下几条总结。

1. 和任何事业一样，企业在全球化发展过程中必须认准一个方向，坚定一个信念，提炼一种精神，凝聚一股力量，完成一个使命。一定要打好基础、练好内功、持之以恒。

2. 要心怀敬畏之心，不可急功近利。要想实现梦想，就必须脚踏实地遵守事物的客观规律，播下希望的种子就会带来光辉的前景。中国改革开放政策就为国家的可持续发展奠定了基础，播下了民族复兴的伟大种子，中国人民一定会因此而拥有光辉的未来。大道至简，规律不可抗拒，只有内外兼修，厚道善良，顽强勇敢，披星戴月，坚信一分耕耘就有一份回报，明天才能更美好。

3. 企业长期可持续发展的前提必须是依法合规、公平透明，必须以人为本，合作共赢。在经济全球化的今天，任何的小聪明，都有可能变成严重的问题。所以，做企业必须天天如履薄冰，天天小心谨慎，时刻牢记合规的重要性，法律的严肃性。

4. 持续强化对技术研发创新、人才教育培养的投入，不断夯实企业全球化发展的硬实力与软实力。当前，创新能力是企业参与全球合作竞争的核心能力，因此最大的运营投入必须是技术研发。近十年，吉利控股集团研发总投入累计近 1 000 亿元，由此不断强化的技术实力是复兴沃尔沃汽车、携手戴姆勒集团的关键。同时，具有全球化视野、多元化能力的各层次人才是推动企业全球化的基石，唯有人才强，才能带动企业强、产业强、国家强。

“一带一路”倡议对于众多渴望出海发展的中国企业是一个巨大的发展机会。在这个大背景下，企业“走出去”只是第一步，相互融合才是关键。吉利控股集团一直践行“全球型企业文化”建设，其核心特点是尊重、适应、包容与融合，最终目标是达到合作共赢，实现企业在全球市场的成功。融合和开放，会让公司淡化或打破原有国家、民族、宗教信仰、语言和局部文化标签，逐渐形成一种开放、包容的企业文化和发展理念。这样的企业文化氛围更有助于提升员工的归属感、自豪感，提高客户的满意度，增强管理层的成就感，赢得社会各界的认可，有利于企业创新及全球适应能力的提高。

基于这种理想和目标，吉利致力于建设“全球型企业文化”，愿景是：推动全球型企业文化的形成和发展，使全球型企业文化深入人心。一个企业的诞生、生存与发展，其目的不仅仅是为了产生较好的经济效益，还要创造社会价值及履行相应的社会责任，两者都很重要，缺一不可。只有两者兼顾，企业才能可持续发展。

这些年，吉利在美国、英国、比利时、瑞典、白俄罗斯及一些亚洲、非洲国家的成功实践和发展，证明了全球型企业文化建设具有一定生命力。我们希望千百万个中国企业，抓住“一带一路”伟大倡议不断深入与发展的机遇，与沿线国家展开更多更好的合作，为“一带一路”倡议伟大事业作出更大贡献，实现更大辉煌。

全球化的道路充满挑战，正如我在家乡的《台州日报》上发表的《向改革开放四十周年致敬》一文中所写道的：“这条路实在太过艰辛，这条路也确实诱人，这条路上时而景色秀丽，时而阴云密布，我们勇敢地在这条路上参加了没有尽头的马拉松赛跑，虽然跑得腰痛腿软，浑身浸满汗水，有时还出现精神恍惚，不知所措，但前方的路依然神秘，勾起了我们无穷的想象，探索远方秘密的心情根本无法平静，已经扬起的创业风帆推动我们走向无限可能的汽车世界。”这段文字既是我在吉利汽车创办以来的心声吐露，也是吉利全球化上下求索的真实写照。

本书作者黄兆华先生，从一个海外业务实战者和研究者的角度出发，系统梳理、总结了美国、欧洲、亚洲典型企业的全球化发展历程，研究总结了华为、阿里、联想等国内优秀企业的全球化发展经验，从战略、组织、人才、领导力、文化、创新以及风险管理等多个领域系统剖析了中国企业全球化发展的方方面面，给人以颇多启发。

希望这本书能够帮助更多的中国企业在全球化道路上不断迈进，行稳致远！

李书福

2019年10月

推荐序二

全球化永远在路上

忻榕

中欧国际工商学院副教务长

管理学教授、拜耳领导力教席教授

两年前，黄兆华先生的著作《柳工出海》出版。我很高兴看到他的出海系列的第二部著作《出海·征途》问世。

《柳工出海》以中国制造业的典型企业广西柳工为样本，结合作者的切身经历，详实地记录了中国企业走向海外时遭遇的种种磨难和挑战，绘就了一幅中国企业在全球化进程中不屈不挠、勇敢打拼的生动画卷。

与《柳工出海》相比，《出海·征途》的视角更广博，从一家中国企业扩大到了更大范围的中国企业群体，从中国企业扩大到了美国、欧洲的一些国家及日本和韩国的代表性企业。

首先，本书介绍了四次全球化浪潮的发展历程，简要剖析了美国 GE 公司、雷诺 / 日产汽车联盟、韩国三星公司等跨国企业在“超级全球化”时代背景下取得的非凡成就以及近期遇到的重大挑战。

其次，本书从全球化战略、组织、人才、领导力、跨文化管理、创新驱动、海外并购、风险管理、供应链管理等维度深度解析了中国企业走向海外时必然要面对的管理方面的挑战。

作者在全球化战略部分记录了深圳华为、吉利汽车、广西柳工等优秀企业在全球化进程中经历的种种艰辛，解析了各大企业的关键战略选择。

作者在全球化组织部分通过对中外著名企业的组织演变过程进行解析，阐释了中国企业的组织设计和管控模式如何适应全球化业务的发展，以及可能产生的管理误区。

在全球化人才篇章中，作者深度分析了三星、华为、柳工等企业全球化人才发展的最佳实践，并以海外业务亲历者的视角提出了“富有温度的海外人力资源政策”这一人才管理理念。

在全球化领导力篇章中，从华为、阿里、小米、柳工等杰出企业的领导人身上，中国的企业家们一定可以看到值得学习的榜样，汲取前行的力量。

作者在跨文化管理这个似乎看不见、摸不着的领域，通过研究吉利汽车等领先企业的最佳实践，尝试着寻找实实在在的管理抓手。

在创新发展领域，作者通过对德国隐形冠军企业的分析，将全球化与创新这两大要素有机结合，指出了中国企业实现高质量发展的关键路径，对中国企业尤其是众多的中小型企业提出了转型升级的宝贵方向。

在海外并购管理方面，作者结合自己的切身经历，解析了并购战略、尽职调查和并购整合等各环节中的核心要点以及潜藏的风险和陷阱。

在海外风险管理方面，从宏观环境到微观世界，作者对海外经营的风险要素进行了解析，并指出了当前全球政治经济环境动荡背景下可能出现的新型风险，值得中国企业高度警醒。

以上八个主题自成一体，各自独立成篇，而组合之后，则构建了一套有助于中国企业开展全球化经营的完整体系。

本书作者黄兆华先生在其职业生涯早期作为咨询顾问从事管理咨询工作，而后进入实业界，作为企业高管历经近10年的海外一线实战，如今回到管理咨询界为中国企业提供全球化咨询辅导，具备业内罕见的跨界思维。因而本书既具有咨询顾问特有的结构化思维，又能呈现出海外业务实战者独具的洞见。

黄兆华先生在每个篇章的最后，以“作者手记”的形式深度探究了中国企业在出海之旅中可能会遇到的陷阱和误区，这部分内容尤其值得反复思索和回味。

改革开放40多年来，中国社会全面融入世界。中国加入WTO近20年，中国企业大步走向全球舞台。我国政府发起“一带一路”倡议以来，中国企业的全球发展更是迈上了一个新的台阶。然而，近期全球的政经环境正在发生的重大变化，让全球化遇到了逆风潮，在百年未有之大变局之下，中国企业的全球化经营面临的挑战前所未有。

恰如本书书名《出海·征途》所寓意的，全球化是一场没有终点的旅程，全球化永远在路上。

让我们翻开此书，一起探寻中国企业的全球化之旅。

2019年10月

目　录

序　章

世界还是平的吗

2004年2月，美国《纽约时报》记者托马斯·弗里德曼（Thomas Friedman）带领一个报道小组，开启了一场全球之旅。第一站，他们来到了印度的班加罗尔，他们用了两周时间考察和拜访了当时正崭露头角的Infosys等IT企业，深度探访了在班加罗尔几乎遍地都是的呼叫中心。第二站是日本东京，他们与全球知名学者、咨询界传奇人物大前研一面谈。在大前研一的指引下，弗里德曼来到了中国大连，访问了大连的众多科研院校和广阔的软件园区。

随后，弗里德曼回到美国继续旅行，从科罗拉多、纽约到华盛顿，相继访问了捷蓝航空（Jet Blue）、麦当劳和哥伦比亚广播公司等企业，并与各界人士见面交流，包括美国政府商务代表、股票经纪人、广播公司主持人、战略咨询师等，这段经历帮助他站在美国的视角由内而外地看待这个不断翻滚、蒸腾的世界。

旅途中，印度Infosys公司的首席执行官南丹·奈利卡尼（Nandan Nilekani）的一句话让弗里德曼终生难忘，奈利卡尼说："当今世界的竞技场已经被夷为平地。"弗里德曼为他的发现感到激动，他发现人类历史上从未有过这样的时刻，在这个平坦的世界上，人们将和世界各地越来越多的人相互竞争和合作，越来越多的人会发现他们能够找到合作对象和竞争对手。人们将地球上的各个知识中心统一到了一个单一的全球网络中，如果政治动荡和恐怖主义不从中作梗，这将是一个繁荣而充满创新的时代。

一年之后，弗里德曼的著作《世界是平的》（*The world is flat*）得以出版，一时间风靡全球。“世界是平的”几乎成了经济全球化的代名词，也成了20世纪80年代开始的新一轮全球化浪潮的最佳写照。

20世纪80年代开启的这一轮全球化中，信息技术的发展、全球产业链和供应链的构建、全球金融的大开放和资本流动加速营造了全球经济的欣欣向荣和以中国、印度为代表的新兴市场的崛起。

跨国公司是这一轮全球化最大的推手和受益者，对于全球化的前景，当时的企业界充满了乐观情绪。

2006年，时任IBM董事长兼CEO的彭明盛（Samuel Palmisano）在美国《外交事务》撰文，他认为国家边境对企业思考或实践的限制越来越小，继而创造了一个新概念——全球整合型企业。

2007年，一项针对《哈佛商业评论》的读者的调查显示，大多数受访者对全球化发展前景持乐观态度，62%的受访者同意《世界是平的》一书中的说法：“公司现在正处于国际化、网络化的竞技场，能够实时进行研究合作；不受地理距离的限制，甚至在未来，语言也不再是限制。”

在一片乐观的声浪之中，这一轮全球化的热潮达到了最高峰。商贸与通信的全球流动将世界紧密地联系起来。1990年，全球跨境商品、服务与金融流动总值为5万亿美元，占当时全球GDP的24%。到了2007年，即全球金融危机与大衰退的前夕，这一数字已飙升至30万亿美元，相当于全球GDP的53%。在此期间，全球商品贸易增速约为全球GDP增速的两倍，这足以显现贸易流通对全球经济的巨大拉动作用。

2007 年，美国次贷危机爆发，进而引发全球性的经济危机。金融市场遭受全面打击，全球资本市场的流动性出现严重不足，国际投资大幅跳水，全球经济进入负增长期。

这一场席卷全球的金融危机正是经济全球化的一道分水岭：危机爆发以后，发达国家的消费者需求急剧下降，跨境资本流动规模明显缩减，全球供应链缩短，全球贸易的活跃度大幅下降。2015 年，全球跨境商品、服务与金融流动总值占全球 GDP 的比重由 2007 年的最高峰 53% 骤降至 34%。

金融危机的另一个后果是全球一半以上的贸易流向了以中国为代表的新兴经济体，新兴经济体彼此之间的贸易增速全球最快，这在全球经济史上是前所未有的。10 年内，中国经济规模翻了一番，而全球第一经济强国（美国）的经济大约只增长了 10%。

金融危机爆发以后一直被视为经济全球化象征的美国，开始出现了“反全球化运动”，美国把经济衰退现象归咎于全球化和来自美国之外的竞争者。

大西洋的另一边。

2016 年 6 月 23 日，英国公投以 51.89% 的赞成票选择脱离欧盟。2017 年 3 月 16 日，英国女王伊丽莎白二世批准“脱欧”法案，授权时任英国首相特蕾莎 · 梅正式启动脱欧程序。2018 年 3 月 19 日，欧盟与英国就 2019 年 3 月英国脱离欧盟后为期两年的过渡期条款达成广泛协议。

有观察家认为，英国脱欧的本质也是对这一轮全球化的收益和不均衡所提出的抗议。

2018 年，汇丰银行首席经济学家简世勋 (Stehpen D. King) 出版了《世界不是平的》（*Grave New World*）一书。简世勋在书中提出了如下观点。

第一，跨越世界的经济发展，并非必然发生，全球化很容易发生逆转。技术既能促进全球化，也能摧毁它。

第二，经济发展减少了国与国之间的不平等，但似乎加剧了国家内部的不平等。

第三，帮助管理全球化进程的国际机构正在丧失其可信度，创建21世纪新的机构并不容易。

作者同时指出："全球化的版本不止一个，随着美国相对经济实力的减弱，其他新兴超级大国将寻求符合自己的利益、能反应自身历史的方式来重塑周围的世界。

对于全球化的未来和命运，有的研究者却有着截然不同的视角。

德国的"隐形冠军之父"赫尔曼·西蒙教授（Herman Simon）认为："如果有谁认为现在全球化的程度已经很高了，那么他就错了。相反，全球化进程才刚刚开始，并且还会继续深入。"

美国学者劳伦斯·C.史密斯（Laurence C.Smith）在其著作《2050人类大迁徙》（*The World In 2050*：*Four Forces Shaping Civilizations Northen Future*）中写道："世界正处于经济转型的初期阶段，而且如今的世界比我们所经历过的以往任何时期都更加紧密地联系在一起。全球化进程比人类历史上出现过的所有地区的联合都更广泛、更复杂。"

纽约大学全球战略教授潘卡吉·盖马沃特（Pankaj Ghemawat）在《哈佛商业评论》撰文：

> 如果说10年前，全球商业领袖们认为世界变"平"了，跨国公司可以不受国界限制并且快速占领全球经济的想法是过于乐观的话，当下认为全球化走到尽头的言论也是错误的。如今面对新保护主义的压力，所谓的全球化大倒退不过是一种过激反应。
>
> 将美国内部收入不平等的问题归咎于全球化的看法并不可取。多数研究表明，和全球化相比，技术进步和（美国）工会衰落，才是导致美

国内部收入不平等的主因。

荷兰的贸易和GDP的比例是美国的6倍，如果荷兰能维持更合理的收入分配结构，美国责怪全球化造成自身更严重的不平等就讲不通了。

盖马沃特教授用数据说话：基于DHL全球互联指数（该指数旨在追踪国际贸易、资本、信息和人口流动），从2015年开始，全球化进程减慢，但是并没有倒退，2016年同样如此。

关于跨国公司的全球化战略方面，盖马沃特教授认为，西方企业全球化战略的3个关键要素——适应、聚集、套利，并未发生根本性的改变。

当公司希望调整跨国差异、因地制宜时，应利用“适应”元素；希望形成跨境规模经济时，应利用“聚集”元素；希望从一国的低劳动成本或另一国的更优惠税收激励中获益时，应采用“套利”元素。

在保护主义抬头的世界里，公司运用这三种元素的方式可能会发生变化，但并没有发生根本性的颠覆。跨国公司要更加精细地重新规划跨国战略、组织结构以及社会参与方式。

哈佛大学经济学家丹尼·罗德里克（Dani Rodrik）在《全球化的悖论》（*The Globalization Paradox：Democracy And The Future of The World Economy*）一书中指出：“当处于全球体系边缘的国家遭受危机时，我们指责他们的政策出了问题；当处于全球体系中心的国家遭遇危机时，我们怀疑是整个系统出了问题。”

弗里德曼在《世界是平的》一书中写道：“当世界变得平坦，并且你也感到这种压力时，你应该挖掘自己的潜力迎接挑战，而不是修建各种保护墙。”

早在2000年4月，时任联合国秘书长安南就在联合国《千年报告》中指出：“很少有人、团体或政府反对全球化本身。他们反对的是全球化带来的悬殊差异。”

从长期视角看，逆全球化也许只是全球化大潮中的“回头浪”，但从当下特定的时间节点来看，毫无疑问，全球化正处在十字路口上。

这个世界还是平的吗？

这个世界从未平坦过。

第一章

风云际会

——全球化的新阶段

这是一个最好的时代，也是一个最坏的时代；这是一个智慧的年代，这是一个愚蠢的年代；这是一个信任的时期，这是一个怀疑的时期。

——查尔斯·狄更斯（Charles Dickens）

全球化的纵贯线

人类的全球探险之旅肇始于 1492 年意大利航海家克里斯托弗·哥伦布（Christoper Columbus）的远航。当时各欧洲王国开始经济竞赛，纷纷通过建立贸易航线和殖民地来扩充财富。哥伦布的向西航行到达东印度群岛的冒险计划得到西班牙王室的支持。

1492 年 8 月 3 日，哥伦布受西班牙女王派遣，带着给印度君主和中国皇帝的国书，从西班牙巴罗斯港扬帆出海。

据史书记载：哥伦布的船队由 3 艘舰船和 87 名船员组成。船队配有精通阿拉伯语的翻译、秘书（负责正式记录他们发现的地方和人物）和稽核官，每条船上都有经验丰富的航运专家作船长，还有一些优秀的、有能力的海员。

哥伦布在“圣玛丽亚”号船上指挥整个船队，先是向西南方向航行，1492 年 9 月初转舵向西，驶入茫茫无际的大西洋。在举目汪洋，航行了一两个月还不见一片陆地的情况下，不少船员都发出了怨声，可是哥伦布坚持向西航行，他坚信地球是圆形的，只要一直向西航行，就能到达盛产黄金、香料和其他贵重物品的中国、日本和印度。

经过两个多月的艰苦航行，10 月 12 日，哥伦布的船队终于发现中美洲巴哈马群岛中的华特林岛，然后又发现了古巴、海地等岛屿。他们在华特林岛的一个漫坡上举行了首次登陆仪式。哥伦布误以为他们发现的地方是印度的属地，所以后来就把这一带称为“西印度群岛”，把这里的居民称为“印第安人”。

哥伦布航海带来了第一次欧洲与美洲的持续接触，并且开辟了后来延续几个世纪的欧洲探险和殖民海外领地的大时代。

全球化的雏形

荷兰东印度公司是人类历史上第一个股份有限公司，成立于 17 世纪欧洲的大航海时代，是早期全球化经营的一个缩影。

当时的欧洲各国兴起了海上冒险、探寻世界地理、发展海外商机的热潮。16 世纪的葡萄牙在东南亚等地已有殖民地并且商业得到了发展，1560 年，一群荷兰商人派浩特曼至葡萄牙刺探商情，浩特曼回国后这群商人便成立了一家公司，他们决定往东印度区域发展。此后几年间，荷兰共成立了 14 家以发展东印度贸易为重点的公司。为了避免过度的商业竞争，这 14 家公司合并成一家联合公司，也就是东印度公司。荷兰国家议会授权荷兰东印度公司在东起好望角，西至南美洲南端麦哲伦海峡具有贸易垄断权。

到了 1669 年，荷兰东印度公司已经是世界上最富有的私人公司，拥有超过 150 艘商船、40 艘战舰、5 万多名员工与一万名佣兵的军队。

18 世纪，荷兰与英国的商业利益冲突不断显露，两国战争不断，在 1780—1784 年爆发了长达 4 年的战争，加上国内对亚洲货品的需求量大减，导致荷兰东印度公司的经营出现危机，该公司在1799年12月31日宣告解散。荷兰东印度公司的解散使英国东印度公司进一步垄断亚洲市场，到了19世纪初，随着工业革命后世界市场的扩大，东印度公司的作用逐渐弱化，其特权相继被取消。

第一次全球化浪潮

现代意义的全球化历史是从1870年开始，一直延续到第一次世界大战爆发。运输业的进步和贸易壁垒的削减是这次全球化浪潮形成的诱因。1870年开始的以电力技术为主导的第二次技术革命，极大地推动了化工技术、钢铁技术、内燃机技术的全面发展，使汽车、船舶、机车、石油等相关制造业迅速兴起。

在这次浪潮的带动下，世界上出现了大规模的移民风潮，大约有10%的世界人口移民到了新国家，600万移民从欧洲迁移到了北美洲和新世界的其他地方。

在此期间，诞生了一批后来十分知名的跨国公司，如西门子、通用汽车、杜邦公司等。

不幸的是，第一次全球化浪潮被两次世界大战所打断，第一次全球化浪潮就此中断，世界经济一体化的进程停滞不前。

第二次全球化浪潮

第二次全球化浪潮始于“二战”后，直到20世纪80年代。

“二战”结束后，为恢复世界经济秩序应运而生的国际货币基金组织、世界银行和关贸总协定，为世界经济的复苏提供了三大支柱。随着殖民体系的瓦解，跨国公司在对外扩张中若想保持优势，就必须更多地依靠经济手段，在技术、营销、管理等方面占领先机。

这一时期内，跨国公司在投资、国际金融和国际贸易等领域得以快速发展，对世界经济起到了日益重要的影响。

20 世纪 70 年代，尽管石油危机触发了全球性的金融危机，世界经济面临重大挑战，但跨国公司全球化的脚步并没有止步不前，联合国跨国研究中心的一项研究表明：受调查的跨国公司海外子公司的销售收入占总销售的比重由 1970 年 30% 上升到 1980 年的 40%，跨国公司的经营活动已经越发全球化了，这是一种在广泛基础上的跨越工业部门、跨越国界的发展趋势。

第三次全球化浪潮

第三次全球化浪潮始于 1980 年直至 2008 年全球金融危机爆发，这是一次前所未有的浪潮。

有学者把这一阶段的全球化称为“超级全球化”，这不仅是由于它的规模和速度，还在于其具有广泛的渗透力。“超级全球化”推动全世界各国参与到细密、复杂且合作紧密的经济分工之中，世界各国和各地区经贸联系日益紧密，全球的物流、人流、信息流和资金流的流动速度空前加快，在生产、金融、信息等各个方面的整合前所未有。

“经济全球化”一词在 1985 年由美国的莱维正式提出。莱维用“全球化”一词来形容当时国际经济发生的巨大变化，即商品、服务、资本和技术在世界性生产、消费和投资性领域的扩散。

进入 20 世纪 90 年代以后，以全球市场化为目标，以全球信息化为条件，以全球资本的迅速流动为特点，广阔的世界成了名副其实的地球村。

顶级的跨国公司堪称富可敌国，1999 年，德国奔驰汽车公司的年产值高达 1 501 亿美元，几乎相当于当时印度尼西亚一年的国内生产总值，美国福特汽车的年产值为 1 806 亿美元，超过了波兰当年的国内生产总值。统计数据表明，在当时世界上 100 个最大的经济体中，有 51 个是跨国公司。

这个阶段无疑是欧美跨国公司的黄金时代。截至 1999 年，世界上的跨国公司有 3/4 来自美国、西欧和日本，100 家最大跨国公司有 99 家来自发达国家。根据美国商业周刊统计，1999 年“全球 1 000 家”公司的前 10 名中，美国公司占了 8 家。

台湾大学政治学教授朱云汉认为，有“三驾马车”是驱动这一轮“超级全球化”的核心力量。

> “第一驾马车”是从 20 世纪 80 年代开始的美国里根和英国撤切尔所倡导的新自由主义。这种信奉市场万能的新自由主义的核心就是要给资本最大的自由，给民营企业最大的自由。他们不仅在西方国家推动这个新自由主义革命，而且还把这一思想推广到全球，在 WTO 的体制下，全面地推动贸易自由化，让各种生产要素流动得越来越自由，以达到经济学家口中的跨境交易成本趋近于零的境地。
>
> “第二驾马车”是现代科技的突飞猛进。
>
> 以信息通信技术为代表的现代科技为人流、物流、信息流、资金流在全球范围内的自由流动提供了巨大的便利条件，成为经济全球化坚实的技术基础和巨大推动力量。
>
> “第三驾马车”就是中国快速融入全球产业分工体系。

改革开放的 40 年几乎与第三次全球化浪潮在时间上高度重合，在短短的 40 年间，中国成为世界最大制造国和世界最大贸易国，不管以什么指标来衡量，中国取得的成就在世界经济史上都是极为惊人的。

中国的发展受惠于经济全球化，另一方面，中国也成为推动全球化的新兴巨大力量。

然而，在这一轮全球化的早期，中国纯粹被西方的跨国公司们视作一个拥有无穷潜力的消费市场，在那时的全球舞台上，基本没有中国公司的一席之地。

1995 年，全球工程机械行业巨头卡特彼勒副总裁威廉·R. 海克拉夫特（William R. Haycraft）写就了《黄色钢铁》（*Yellow Steel*）一书，书中历数了全球工程机械行业中来自美国、欧洲、日本、韩国的跨国公司，中国公司却榜上无名，这正是当时中国公司在全球地位的真实写照。

全球化的地平线

美国 GE 的全球化

通用电气公司（GE）堪称第三次全球化浪潮期间美国企业全球化的楷模。

早在 19 世纪末期，GE 就开始了国际化的探索与尝试。GE 的创始人托马斯·爱迪生（Thomas Edison）曾在伦敦的霍尔邦高架桥上安装了照明系统。1900 年之后，GE 在日本建造了当时最大的发电厂。“一战”结束后，1919 年创立了国际 GE 公司。1970 年，GE 的海外营业额达到总营业额的 16%，在美国以外的员工已经达到了 10 万人，约占员工总数的 25%，在 23 个国家有 129 家分公司，服务于 150 多个国家的市场，全球化经营已经初步形成。

1981 年杰克·韦尔奇（Jack Welch）出任 GE 董事长兼 CEO，2000 年退休。在他掌管 GE 的 20 年中，GE 的全球化经营达到了历史性的高峰。

在韦尔奇时代，GE 的全球化战略共有三次演进的过程。

韦尔奇上任初期，激烈的国际竞争使 GE 的发展受阻，海外营收一度出现了下降。韦尔奇提出把成为最具全球竞争力的企业作为发展目标，GE 著名的“数一数二”战略，不仅仅意味着成为美国市场的“数一数二”，还要争做全球市场的“数一数二”。GE 开始着力塑造在核心制造、科技密集和服务这三大领域的全球竞争力。

压力不仅仅来自外部竞争，阻碍 GE 全球发展的障碍还在于许多下属企业满足于仅成为美国本土市场霸主的狭隘思想。

1985 年之后，GE 重新认识了全球战略的紧迫性。杰克·韦尔奇曾经无数次在各种讲话中明确表示，各个业务单元的 CEO 们都要亲自负责将他们自己的业务变得全球化。

1985 年，杰克·韦尔奇一次为期 12 天的环球之旅成为 GE 全面推行全球化战略的转机。就此，GE 提出了第二个全球化战略：GE 要想保住全球领先地位，就必须真正成为全球化的生产者和销售者，GE 必须在四个方面达到全球一流的水准：1. 以世界上最好的价格提供世界上最好的产品和服务；2. 在组织上使世界性的采购、制造和营销网络一体化；3. 培养具有“全球头脑”世界观的主管；4. 在全球范围内建立广泛的合作与联盟，快速化解贸易壁垒。

具体举措包括：将最好的人才投入到全球化的业务中；将全球动力发电业务的销售中心搬到亚洲；在区域布局上，敢于投资当时不被人看好的地区，以求获得最好的风险回报。例如，在墨西哥、日本、印度、匈牙利等地的投资，尤其是在印度的投资使 GE 的全球化向前迈进了一大步。

第三次具有全球战略意义的决策是在 1990 年代末被提出的，GE 全力推动电子商务业务，使其全球竞争力又上了一个新的台阶。

随着全球化战略的推行，不仅传统优势业务（塑料制品和医疗系统）的全球化程度进一步得到提高，航空航天、电力系统、信息服务、照明系统、运输系统等各领域也都实现了全球化经营的大发展。

GE 的海外销售额从 1987 年的 90 亿美元，占全部收入的不足 20%，上升到 2000 年的 530 亿美元，占全部收入的 40% 以上。

在韦尔奇等高层领导的强力推动下，GE 追寻的四大理念之中，最重要的就是全球化。

韦尔奇认为，与其他经营理念一样，全球化的理念可以由种子孕育到枝繁叶茂，最后长成一个花园。全球战略初期，GE 仅仅从市场和销售的角度思考如何出口才能创造销售机会；而后从资源角度出发在全球范围内寻求产品和部件；最后发展到挖掘各国知识资本的阶段。

GE 在对全球人力资本的使用方面非常大胆。早期，GE 不得不雇用驻外美国人，这种安排对起步时期获得成功是至关重要的；而后逐渐通过实行强制性手段大量减少美国“驻外人员”数量，雇用大量的本地员工来推动 GE 全球化发展。这种本土化人力资源政策在深度融入本地市场和节省人力成本这两个方面发挥了巨大作用。

以印度为例，在 GE 高层的心目中，印度宛如一座人才工厂，专门生产和输出全球最厉害的工程、计算机和软件人才，而且具有极强的成本优势。在印度，一名具有 2 至 4 年工作经验的程序员的年薪只有 1 万美元，而在美国具备同样工作背景的程序员的年薪高达 62 000 美元；在印度呼叫中心一名员工的年薪大概只有 3 000 美元，而美国员工要超过 27 000 美元。GE 金融的一名高管人员感叹道：“在印度英语娴熟的人口有一亿之众，印度几乎是一个取之不竭的受过良好教育且廉价的劳动力源泉。”

GE 先在印度建立了全球研发中心，而后从 GE 金融服务集团开始，GE

所有的工业企业都把全球化客户服务中心搬到了印度，GE 从美国“后院”搬到印度“前厅”，这与管理大师彼得·德鲁克（Peter Drucker）给出的建议不谋而合。

在日本，如果 GE 派遣某个美国人到日本工作，为其支付的工资是 15 万美元的话，公司的实际总支出将超过 50 万美元。为此，杰克·韦尔奇经常提醒他的高级经理们：“你是愿意用三四名聪明能干、熟悉当地情况和语言的东京大学毕业生，还是找你在公司里的一个朋友呢？”

2001 年，日本经理人藤森良明（Yoshiaki Fujimori）被提拔为 GE 塑料的总裁和 CEO，他是第一位管理 GE 全球化业务的日本人。

GE 全球化的核心思想就是通过全球化构建核心竞争力，即通过实施全球战略在全球范围内进行资源配置，有效利用全球资源降低生产成本和交易成本，提升企业研发能力，在价值链各个环节上都能达到低成本、高收益，最终增强企业的核心竞争力。GE 深信，他们应将企业全球化战略的着眼点放在如何增强企业持久的核心竞争力。反之，如果企业不具备核心竞争力，而盲目进行海外扩张，就只能遭遇失败。

日本日产的全球化

日本的三大汽车厂商之中，日产的规模虽然不及丰田和本田，但前者走出海外的时间却是最早的，这家来自东京银座的企业一直扮演着日本车企走向海外先驱者的角色，例如以物美价廉的 Datsun 品牌汽车成为首家打入美国市场的日本车企；在美国田纳西州设置装配工厂，成为第一家在美设厂的日本车企；在英国东北部海岸的桑德兰建立标杆工厂，成为第一家在欧洲设厂的日本车企。

从 1991 年开始，日产的经营状况出现滑坡，全球的市场占有率下降了将近两个百分点，自 1991 年起往后的 8 年间有 7 年出现亏损。在此期间，日产的年产量骤降了 60 万辆，这样的状况足以让一家专门制造某一车种的汽车厂商从市场上彻底消失。

日产经营业绩的下降也导致了诸多内部管理问题暴露无遗。公司管理僵化、缺乏生气，员工就像是“被抛弃的孤儿”。日产总部就坐落在东京，所以总是能吸引各地优秀学府的精英分子，而这些人入职之后则出现了很多问题。最好的人才，如果得不到适当鞭策，没有人在一旁耳提面命，没有人为其规划目标，就算具有再大的潜力也枉然，明日之星也终将逐渐黯淡。日产有许多具备才能的人，但是他们从来没有被公司分配核心的任务；他们在接受训练时，没有人把他们当成一回事。很多员工都说“我们早在五六年前就已经提出这些问题了，可是公司高层从来没有给予过正面回复，更别提付诸行动了”。

转机出现在 1999 年，每况愈下的日产不得不和法国雷诺公司结为战略联盟。占联盟主导地位的雷诺向日产注资 54 亿美元，持股 36.8%。

雷诺汽车派出卡洛斯 · 戈恩（Carlos Ghosn）进入日产董事会，担任首席运营官，率领一个 17 人的团队进驻日产。

初进日产时，戈恩不了解日本文化，不了解日产公司，变革自然无从谈起。为了摸清楚问题所在，他深入一线，狠下功夫。

他走遍了总部办公室、生产车间、各地分支机构、经销商、设计中心、制造工厂，他与同事、供应商等三四千人进行过沟通，他还开了日产高层的先河，第一个亲自测试公司生产的汽车。

在汽车供货商米其林公司的工作经验使戈恩很容易从长期供货商那里得知对日产汽车一针见血的建议。

像一名咨询顾问一样，戈恩花费了数月时间，对日产做了一次彻底的管理诊断，基本结论如下所示。

战略：日产缺乏明确的战略，如果问日产在5年、10年后会变成什么样，没有一个人能说出一点看法。

组织：日产内部的跨部门合作极差，每个人好像都在保护自己的领土，不让旁人看到自己的工作内容。每个单位各自为政，就像一盘散沙，彼此没有一点交集，毫无默契可言。这种情况非常危险，因为当你在一家完全没有跨部门交流的公司里工作时，每个人都容易对自己的工作表现感到自满，并且会认为若公司业绩不好，一定是别人的错。

供应链：通过日产与雷诺的对比分析，戈恩发现部分日产零部件的采购成本要比雷诺高出20%~25%，背后的原因在于日产的供应商太多了，每一家接到的订单数额太小以至于无法提供更优惠的价格，而且设计部门完全不考虑业界通用的标准规格而径自发展自己的新规格，也不管这些新规格是否真的符合客户的特殊期望。

客户与市场：在产品开发方面，日产一直盯着丰田这个最重要的竞争对手，而不是根据市场需求和消费者偏好的变化，快速研发出消费者喜爱的产品。

找到病灶之后，在1999年10月18日东京车展上，戈恩公布了日产振兴计划：2000年，日产必须能重新获利；到2002年，盈利率必须超过4.5%，负债率下降50%。

为了推动变革，日产成立了CCT（跨公司团队）的非正式体制方案来让两家公司共同组织一支工作团队。为确保计划能带来良好成效，戈恩决定部署9个跨部门小组，涵盖了需要改革的各个领域。

日产将振兴计划的“手术刀”挥向了沉疴积弊最多的四大领域：冗余的供应商数量、过剩的产能、极富日本特色的“集团企业联盟”和员工“终身雇用制”。

日产有过多的供应商，当时各种零部件供应商超过一千一百多家。日产计划在 3 年内，将供应商数量减少 50%。此后，一切的采购都将是按照全球统一标准执行，而不再由各区域自行负责。

针对日产在日本境内的工厂太多，产能发挥比例只有 53% 的现状，日产振兴计划宣布将在 1 年内关闭 2 家发动机厂和 3 家装配厂，在 3 年内使产能利用率提高到 80% 以上。

由于棘手的带有强烈日本特色的“集团企业联盟”，日产握有一千三百九十四家公司的股份，其中股份超过百分之二十以上的过半，但除了其中四家公司以外，其他公司对日产的未来发展都不是必要的。由于大量的闲置股权存在，这些宝贵的资金没法被用在日产的核心事业上，戈恩下令砍掉所有非汽车产业，回收资金并将其用于汽车核心产业。

在信奉终身雇用制的日本社会，日产制订了惊世骇俗的裁撤人员计划：

2 年内撤销 21 000 个职位，相当于裁掉当前人数的 14%。其中，生产部门 4 000 个；日本境内的营业体系 6 500 个；行政事务 6 000 个；另有 5 000 名员工将以获得日产股票的方式退休。只有一项例外：研发部门将获准增加 500 个新职位。

海外业务中，美国是日产除日本本土以外最重要的市场。美国市场比日本本土市场和欧洲市场的表现要好得多，但戈恩有更高的期望，他告诫日产美国团队：“请勿与欧洲分公司或日本总公司的经营报告做比较，而是和美国市场的发展潜力做比较。”

在对海外机构的管理上，总部并不要求海外分支机构连芝麻琐事都要向东京汇报，不应该处处阻挠分公司，而是应该充分授权各分公司，由总公司全力作为后盾提供支持。但总部在充分授权时就要求分公司行事必须全面透明。总部要掌握每一项重大事件的进展。总部的原则是:“若分公司行事不够透明,总公司对其赋予的职权也不会太高。我们绝对不想被蒙在鼓里,在事后受到惊吓。”

卡洛斯·戈恩为日产带来了最具全球视野和多元文化优势的领导团队。日产的最高层不再以法式或日式的思维处理事情,而是思考:在法国最好的操作模式是什么、在日本的模式又是什么、如何把最好的模式运用到世界各地?戈恩认为日产的多元文化及文化融合产生的新产物,将是在迎接未来挑战时,最重要的宝贵资产。

戈恩的“外科手术式”变革在短期内取得了极大的成功,仅仅过了1年多时间,日产在2000年财政年度盈利27亿美元,日产从濒临破产的边缘一跃成为全球利润最高的汽车制造商之一。戈恩也被视为日产汽车的“救世主”,成了全球汽车行业最炙手可热的明星企业家。

充满战斗精神的戈恩,在日产复兴计划的基础上,2002年又进一步提出“108计划”。

“1”代表2004财年全球汽车年销量比2001财年多100万辆左右,“0”为实现零负债,“8”即实现全球汽车制造商最高水平的8%经营利润率。

2005年9月,“108计划”全面完成。

2005年,由于在日产取得的巨大成功,戈恩成为雷诺第9任CEO。相隔两万多千米的两大汽车巨头同时被戈恩掌控。

卡洛斯·戈恩对日产汽车带来的最大变化不仅仅在于经营管理层面,更深层次的冲击来自对日本企业根深蒂固的经营理念的巨大冲击以及对日本国民文化的强烈震撼:对日式企业共生式供应商体系的挑战;对日式集团企业联盟的挑战;以及对终身雇用制度的挑战。这些深层次的冲击和挑战,在短期内快速改善经营业绩的同时,触动了太多人和机构的根本利益,为未来的矛盾大爆发和卡洛斯·戈恩的个人悲剧埋下了伏笔。

戈恩曾说过一句意味深长的话："外来身份并没有帮助我获得成功，倘若我是日本人，我的成绩单会更耀眼。"

韩国三星的全球化

在成功实现全球化经营的跨国企业中，除了美国、欧洲和日本企业之外，韩国企业占据了重要的一席之地，三星集团就是其中最优秀的代表。

以电子产业闻名全球的三星集团不仅经营电子产业，还是涵盖重工业、化工业、金融以及服务业等多元化业务的韩国最大企业。

20 世纪 80 年代的三星主营韩国国内市场。由于韩国国内市场狭小，对海外市场的依存度也很高，并且三星在国际市场的品牌知名度不高，大部分只能通过 OEM（代工生产）进入海外市场。随着这一过程中产生的人工费持续上升，韩国就失去了作为低价劳动密集型生产地的魅力。

与 GE 相似，三星在产业布局上也在谋求多元化发展，在全球市场力求成为最具竞争力的一流企业。但从全球化路径上，与 GE 采取的兼并收购的手段所不同，三星更多是通过内部培养获得成果，而后将"成功 DNA"进行内部共享。

1987 年，极具危机意识的第二代领导人李健熙（Lee Kun Hee）接任三星的首席执行官。针对外部经营环境的快速变化，1993 年李健熙发布"新经营宣言"："这是一个风云变幻的时代，成败只在弹指间。如果我们无法迅速采取行动跻身全球一流企业的行业，三星将永远停留在二三流企业的行列中。"

李健熙上任之后宣布三星要二次创业，将世界超一流企业设定为发展蓝图，提出要加快进军海外市场的速度，快马加鞭地实行国际化人才的培养战略。

李健熙多次强调“世纪末的变化已经到来，不能成为一流企业就无法生存，这样下去只能灭亡”。当时的三星集团的组织体系已经开始出现硬化现象，无法从过去的惯性中摆脱出来。子公司只关心生产出比前一年更多的产品，创造更多的销售额，各部门都基于完成当前短期的“量指标”，而忽视了附加价值、协同效应、长期生存战略等“质”的层面的要素。

然而，三星的中高管理层满足于韩国国内领军企业的地位，企业仍然保持着现有的集权型组织运营方式，无法形成分权化的决策和自主的企业文化。李健熙每年都通过新年致辞向员工传达自己的经营哲学和抱负，却达不到预期的效果。

李健熙将质量当作推进全球经营的突破口，他指出，三星集团的整体经营模式必须从既存的“以量取胜”转变为“以质取胜”，并亲自冲到阵前指挥，反复激发组织内部的紧迫感。

1993 年 2 月，李健熙将三星的总裁团紧急召集到美国洛杉矶，一起访问了当地的家电卖场，当时三星电子产品被摆放在角落，上面布满尘埃。

李健熙亲自在三星总裁团面前直观地对比了东芝的 VCR 产品与三星产品，并明确地指出两种产品的品质差异，让三星的高管们清楚地认识到，自诩韩国一流的三星产品，在全球竞技场上，无论是设计还是性能都远远落后于世界一流产品。

1993 年 3 月，李健熙再次召集了东京会议，三星集团的总裁团成员再次围绕如何提升质量展开讨论。和洛杉矶会议一样，总裁团细致地考察了日本的家电卖场，对比了三星和先进企业所处的位置。

1993 年 6 月，李健熙来到法兰克福，看到了内部寄来的关于现场生产的录像带。在录像中，三星洗衣机盖子的推门不合规格，装配线上的员工当场用刀割去了 2 毫米。他当场再次将集团核心人员召集到法兰克福，发布“法兰克福宣言”，宣布要践行“以质取胜”的经营模式。

随后，李健熙面对由 100 多名高管组成的团队组织了 4 次会议。为了穿透厚厚的组织隔离墙，他接连在法兰克福、伦敦、大阪、东京等地对各级员工进行了为期三个多月的演讲，共花费了 350 多个小时，通过 48 次会议向 1 800 余名员工激情澎湃地宣讲了公司的新经营战略，描绘了三星成为世界超一流企业的蓝图。他强调，这一出发点就是三星的每一名员工。如果三星的每位员工不做出改变，那么任何事物都不会发生改变。

“以质取胜”的经营理念是李健熙“新经营宣言”中最着重强调的部分，并在内部引发了最激烈的争论。

李健熙指出：

> 我的意思并不是说量和质的比例是 5 : 5，或者 3 : 7，而是 0 : 10。为了实现以质取胜的目标，牺牲量也无妨。为了提高生产和服务的质量，即使中断工厂和生产线运作也在所不惜。
>
> 企业每天都需要在市场上不断接受顾客的审判，所以必须重视顾客、敬畏顾客、倾听顾客的声音。

“以质取胜”的内涵不仅包括产品质量，还包括人的质量和经营质量。

在实现“以质取胜”的经营目标的过程中，三星的蓝图、战略、人才、经营管理、价值观和文化都发生了脱胎换骨的变化。这些变化也大力促进了企业趋向国际化，实现了海外总部制、海外生产复合基地的构建等，并开始在全球范围内大力提升其品牌认知度。

1998 年之后，三星以韩国外汇危机为契机进行了大规模的结构调整，并迎合新的竞争模式宣布了数字化经营的理念。在海外，三星正式进军新兴市场，巩固海外事业，强化全球经营体制，成为数字化产业的强者，其全球地位不断提高。

2003年之后，为了跻身超一流企业，三星对市场营销、设计、品牌、R&D、软件开发进行了集中投资，强化了竞争软实力。2006年之后，三星通过技术的复合化开辟新市场，推出平板电视、液晶电视等产品，开始涉足制药、生物、医疗设备等领域，发掘新的成长动力。

从1987年到2012年间，三星的出口额增加了25倍，在韩国总出口额中所占比例高达28%，半导体存储器、快速存储器、数码电视、手机、显示器、锂离子二次电池、有机发光二极管等26种产品的市场占有率稳居世界第一。

三星的全球化的成功不仅仅体现在其经营业绩上，还体现在其开创了别具一格的经营模式。

李健熙曾经指出，过去，人们相信有符合标准的模范经营模式的存在，可如今的一流企业已经摒弃了这种陈旧的思考方式，转而根据情况选择属于自己的独特经营模式。未来的所有企业都会拥有各自独特的经营模式。

时代变奏

以GE、日产、三星为代表的跨国公司正是第三次全球化浪潮时代的典型代表。它们的全球化历程和发展之道中无疑有太多值得刚刚扬帆出海的中国企业反复潜心学习之处。

首先，全球化是一个大命题，它不但取决于企业领袖高瞻远瞩的战略眼光，还取决于管理层和业务单元领导是否能够形成共识；它不但取决于管理层的业务推动力度，还取决于企业员工观念转变的快慢，是内外部多种因素综合作用的结果。

其次，全球化不仅仅是如何在海外销售更多的产品，更重要的是如何以全球化经营为突破口，以全球最高标准推动变革，带动内部的经营管理迈上新台阶，进入世界级企业的行列。

这一过程也是一场深刻的变革过程，企业需要大力地进行自我革新。三星的全球化就是一场经典的变革管理，三星在这一过程中先后经历了激发危机意识、形成变革主体、设定变革目标、目标的内部有效传播、成员的授权、短期成果改善方案的执行、整体经营模式的变革、新经营模式的制度化等过程。

最后，无论在什么样的文化背景下，每个成功的全球化企业都有一个强有力的核心领导者，这一点在GE、日产和三星身上都表露无遗。

GE的全球化经营在杰克·韦尔奇的任期内达到了巅峰；日产正是在卡洛斯·戈恩的强力管理下实现了扭亏为盈，雷诺—日产联盟成为全球汽车业不容忽视的强大力量；三星则是在李健熙的掌管下从一家韩国本土领先企业成为真正的全球型领导企业。

三家企业全球化经营能进入巅峰期，都是在三位强有力的领导人的引领下实现的，这绝非偶然的现象。

这些领导者身上都具有以下特征：全球化视野，经营的视角绝不仅限于本土市场，而是放在了全球的高度和维度，极大地提升了企业的经营格局；高瞻远瞩，敢于为企业设立高远的目标；不畏挑战，面对市场竞争和内部变革的多重挑战，敢于坚持主见，有时甚至独断专行。

值得我们警醒的是，一度如日中天的GE、日产和三星近期都出现了重大危机。

2018年，GE的市值从2000年的峰值下跌了近80%。同年6月，曾经被沃伦·巴菲特赞誉为“美国商界象征”的GE被踢出了自己坚守百余年的道琼斯工业平均指数。2017—2018年，GE更换了三任首席执行官，最新任命的人选是一位“空降兵”，这也打破了GE一百多年来一直从内部选拔CEO的传统。

手机产业是三星集团近10年内崛起的最重要的产业之一。2011年，三星手机首次登上全球市场占有率第一的宝座，在中国市场也一路高歌猛进，2013年，三星在中国的市场占有率接近20%，高居第一。

然而，2016年9月初，出现了三星旗舰型手机Galaxy Note7电池爆炸事件，三星随即停售该产品并对这一款产品进行了全球召回，但却不包括中国市场。

三星手机业务的管理者似乎忘记了李健熙关于“企业每天都需要在市场上不断接受顾客的审判，所以必须重视顾客，敬畏顾客，倾听顾客的声音”的训诫，一直到2016年10月中旬，产地在中国的Note7也接二连三地发生电池爆炸之后，三星才宣布在中国停售并召回该产品。这一傲慢的行为和拖沓的举动激怒了中国用户。

短短5年时间，三星手机的中国市场占有率就从2013年的19.7%下降到2018年的不足1%。失去了中国这一全球最大智能手机市场，三星的全球市场占有率第一的位置也一度岌岌可危。

日产和卡洛斯·戈恩最近的遭遇最富戏剧性和悲剧色彩。2018年11月19日，日本东京地方检察厅特搜部以涉嫌在日产有价证券报告中少记载约50亿日元（约合人民币3亿元）的董事报酬、违反《金融商品交易法》为由，逮捕了64岁的董事长卡洛斯·戈恩。3天后，日产董事会通过投票正式解雇了戈恩。损失了这位灵魂人物，雷诺—日产联盟将走向何方，当下无人知晓。

这三家世界级企业的全球化历程给中国企业带来了教科书般的经典案例。其中的成功经验当然值得我们深入学习，而盛极而衰的根本原因无疑更值得我们深度反思。是外部环境的重大变化，还是内部决策的重大失误，还是典型的超级领袖退休后的接班人难题？

全球化的十字路口

在全球化浪潮的推动下，世界各国经济都得到了发展。许多发展中国家的工业化与城市化进程方兴未艾，为全球数以亿计的人口铺就了脱贫之路。

中国的崛起是目前全球化进程中最引人瞩目的成功故事。四十多年前还在实行封闭型经济的中国，如今却成为与世界各国交流最频繁的国家之一，并完成了非比寻常的飞跃。

2001 年 12 月 11 日，中国加入 WTO（世界贸易组织），正式成为世界贸易组织的成员国。这一重大的历史性事件改变了无数中国企业和普通中国人的命运。

从 2001 年到 2018 年，中国的 GDP 从不足 9.6 万亿元人民币上升到了 90 万亿元人民币，达到了原来的 9 倍多，从世界排名第六上升到世界第二。

中国进出口贸易额急速增长。2001 年，中国外贸进出口总值约为 3.5 万亿元人民币，2018 年，外贸进出口总值首次突破 30 万亿元人民币。

2014 年，中国对外投资总额首次突破一千亿美元，首次创纪录地超过了外资在中国投资的总额度。

2016 年，中国企业海外投资并购金额达到 2 210 亿美元，再创历史新高。

2017 年，在中国政府加强了对外投资监管和引导政策的大环境下，中国对外投资有所回落，但仍超过 1 500 亿美元，位列全球第三。

中国经济已经深度融入全球经济体系。

2013 年，中国最高领导人提出了影响深远的“一带一路”倡议，这表明中国不仅被动接受经济全球化的游戏规则，更成了全球化的有力构筑者和塑造者。

在这一场伟大的历史进程中，最令人瞩目的现象之一是中国企业在全球舞台上的奋然崛起。

1995 年，首次有中国企业登上《财富》世界 500 强榜单，那就是中粮集团。

1998 年，《财富》世界 500 强的榜单上，中国企业也只有寥寥 5 家。

2019 年，《财富》世界 500 强中上榜的中国企业已经达到 129 家，历史上首次超越美国企业数量（121 家）。上榜的中国企业既有中石化、国家电网、中建集团、中化集团、中国五矿、中国铁建、中国中铁、中国交建、中国电建、国机集团、中车集团等沉稳厚重的央企巨头，也有华为、阿里巴巴、吉利汽车、美的、腾讯这样活力十足的民营企业。

截至 2018 年年底，全球市值最高的十大企业都属于中美，其中有 8 家美国企业，另外两家是来自中国的阿里巴巴和腾讯控股。

除了这些超级巨型企业以外，还有数以百万计的中小型企业争先恐后地走向海外，把海外市场视为新的绿洲。

然而，风云突变。近期全球政经环境正经历重大变化，反全球化的逆流涌动。曾经风平浪静的海面上，一时间，惊涛骇浪，波诡云谲，没人能够预测这一场大风暴的规模到底有多大，到底会持续多久。

•＊•＊•

作者手记

如果说前三次全球化浪潮是由欧美跨国公司主导的话，如今，中国企业已经被时代推到了世界舞台的中央。然而，刚刚驶上出海新航道，中国企业就遭遇了前所未见的惊涛骇浪。

曾经有西方研究机构的大中华区首席描绘了一幅西方全球化企业标准的成长路线图："从一个国际化企业到一个跨国企业，再到一个全球整合的企业。在国际化阶段，企业立足本土，以在国际市场竞争中获利为首要目标；到了跨国企业阶段，企业的成功是由一个个机构完整、业务独立、但位于不同国家和地区的分支机构实现的；当迈向全球化企业的时候，各地区的优势将得到充分发挥，企业成为全球统一架构的实体，不同国家和地区将承担起整体工作的某一部分，从而真正实现了一个最佳的优化组合，那就是以最适合的成本将最适合的工作放到最适合的地方。"

站在全球化的十字路口，每个中国企业都要面对如下问题交出自己的答卷。

我们需要如何应对这场前所未见的大挑战？

西方跨国公司走过的全球化路径是否还适合中国企业？

中国企业如何才能走出具有中国特色的全球化之路？

第二章

中流击水

——全球化的企业战略

这不是你要不要全球化的问题，而是你如何全球化的问题

——丹尼·罗德里克（Dani Rodrik），哈佛大学教授

无论中外企业，迈向海外的第一步似乎都是跌跌撞撞、手忙脚乱的。

德国管理学家赫尔曼·西蒙（Hermann Simon）教授如此描述一家德国企业早期进入美国市场的情形："1966 年一位美国商人给我打了个电话，四个星期后我就飞到了美国，我的侄子跟着我，他会讲英语并担任我的翻译。那是我第一次去美国，我们去了纽约、芝加哥、底特律，最后还去了密尔沃基，我简直不堪重负。最后我决定，我们得在美国成立自己的子公司，两天之后，我们就在密尔沃基的一间酒店里成立美国子公司。我们又花了好几年时间，才使这个公司发展得比较好，而且有好几次不得不撤换那里的员工。"

赫尔曼·西蒙教授把这种机会导向的海外市场进入方式称为"战马方式"。

中国企业早期的出海模式也是典型的机会导向，没有目标市场可言，也没有任何发展路径，只是打到哪儿算哪儿。

华为——从海外拓荒者到全球领导者

1995 年，中国通信市场的竞争格局发生了巨变。国际市场出现了衰退，世界上众多大型通信设备制造商纷纷进军中国市场以弥补在其他海外市场的

损失。此外，当时国内新生了400多家通信制造类企业，具有多种所有制背景的企业纷纷崛起，中国电信市场迅速成为中外产品撞车、产能过剩严重、竞争环境恶化的一片红海。

成立于1987年的华为，刚刚度过生存期，走出国门似乎是无可奈何的选择。

华为创始人任正非认识到华为的队伍还太年轻，员工的职业化程度还很低，还不完全具备在国际市场上驰骋的能力，以致于他们的帆船一驶出大洋，就出现了问题。但是他坚定地认为："我们总不能等到没有问题才去进攻，而是要在海外市场的搏击战中熟悉市场、赢得市场，培养和造就干部队伍。若3~5年之内无法打造国际化的队伍，那么中国市场一旦饱和，我们就将坐以待毙。"

基于强烈的危机意识，任正非判断全球化是华为度过困难期的唯一出路。20世纪90年代中期，华为邀请几位中国人民大学教授一起编制著名的《华为基本法》时，就明确提出，要把华为打造成一个全球化的公司。

华为轮值CEO徐直军曾说："很多人说华为海外市场做得好，但刚开始时，我们哪有海外战略呢？我们就是看哪个国家的人口比较多，因为人多就可能买交换机啊，然后我们就派人过去了。"

华为的全球化也是在跌跌撞撞中开始的。

海外拓荒者：1997—2007年

1996年，华为任命一名国内省级办事处主任担任海外市场部总监，开始筹划海外市场的拓展事宜。但除了参加过北京和日内瓦这两次规模很小的国际电信展之外，他对如何进入海外市场一片茫然，在定义海外目标市场时，也是基本上跟随老板任正非朴素的思路——跟着国家的外交路线拓展海外市场。

由于与中国外交关系友好的国家主要都是亚非拉、中东等地区的国家，因此华为早期的海外目标市场路线基本就是“农村包围城市”。

当时的中国与众多的发展中国家建立了良好的外交关系，这些国家的电信设施大多比较落后，拥有巨大的市场潜力。另外，也是因为这些国家和中国政府关系友好，华为可以优先获得政策支持。俄罗斯、前南斯拉夫、巴西以及中国香港地区成了华为首先瞄准的四个市场。

在中国香港地区，华为通过艰苦努力拿下了和记电讯的商业网项目，初步锻炼了队伍，但在寄予厚望的俄罗斯，华为彻底感受到了海外市场的“冰天雪地”。

从 1997 年到 2002 年这 5 年的漫长岁月里，华为在俄罗斯仅仅签署了一单 38 美元的电源合同。

严苛的自然条件和恶劣的市场环境，让华为海外将士吃尽了苦头。

善于总结的华为员工慢慢摸到了开拓发展中国家市场的法门。他们意识到，要想被世界接受，仅靠自身的力量是不够的，还要让海外客户认识到中国翻天覆地的变化。

无一例外地参加所有国际电信展和主办各种行业论坛、国际研讨会，成为让海外客户认可华为产品和技术的关键途经。2000 年，华为的海外销售收入仅有 4 亿元人民币，而当年参加香港电信展的投入就高达一亿元人民币。

从 2001 年开始，华为启动了“新丝绸之路”计划，把海外客户请到中国来并对香港、北京、上海、西安、大连等城市进行参观考察，让他们了解改革开放之后中国发生的沧桑巨变。

对那些由于各种原因无法踏上“新丝绸之路”的客户，华为又启动了“新东方快车”计划，华为的最新设备被放入超大型集装箱中，由一辆辆专用车装载着在世界各地巡回展览。

这一招数对发展中国家十分奏效，华为在每次的“新丝绸之路”或“新东方快车”计划结束之后，基本上都能收获数额可观的订单。

与发展中国家相比，欧洲国家的门槛无疑高得多。欧洲市场云集了爱立信、西门子、诺基亚和阿尔卡特等电信巨头，水深流急。2003 年以前，在一些高端项目的招标中，只要是有华为参加的项目，欧洲本地的电信巨头便会联合起来抬高技术门槛、设置“雷区”将华为排挤出局，然后再分享价值链利益。

在欧洲，华为不得已再次选择了“农村包围城市”的迂回战术，避开在沃达丰、英国电信、德国电信和法国电信等世界级运营商扎堆的英国、法国、德国市场发动正面攻势，而是先以性价比的优势在葡萄牙、荷兰撬动了市场。

打入西欧市场的机会出现在 2003 年。就在这一年，英国电信向全球发布了“21 世纪网络计划”，计划总投资额超过 100 亿英镑，这是当时全球最大的电信招标项目。在随后的两年时间里，华为投入巨资全力改善技术创新和产品定制能力，并按照英国电信的标准，建立健全了包括质量、交付、环保、品质、人力资源和客户满意度等 200 多项具有国际规范的流程制度，最终通过了英国电信的全面验证。

2005 年 4 月，英国电信公布了“21 世纪网络计划”中标的 8 家供应商，华为与爱立信、朗讯、思科等 7 家跨国公司一同入围，在这个榜单上，华为又是唯一一家成功入选“接入网”和“光传输”这两大领域的主力供应商。

随后，在英国，华为与全球最大的移动运营商沃达丰签订协议，成为其战略供应商。2008 年，华为被沃达丰授予“2007 杰出表现奖”，是所有战略供应商中的唯一获奖者。

从英国电信到沃达丰，成功进军西欧市场并站稳脚跟中隐含的意义远远超过了获得若干超级订单，这是一个华为接受世界最高标准认证的硬碰硬的全过程。通过这次严苛的检验，华为真正意识到了要想真正成为一家全球化企业，就必须处处对标全球行业最高标准要求自己。

从海外销售贡献度来说，华为的海外销售额于 2005 年首次超过国内销售额，在之后的几年内，海外收入在总收入中的比重一直超过 70%。

从 1997 年到 2007 年的 10 年间，华为完成了从一家中国本土企业到世界级企业的蜕变。

全球挑战者：2008—2012 年

与欧洲市场相比，在美国，华为遭遇了更强大的阻力，这种阻力甚至大到华为无法招架。

华为在出海的早期，大大低估了进入美国市场的难度和复杂度。2001 刚开年，任正非在欢送海外将士的出征大会上发表了题为《雄赳赳，气昂昂，跨过太平洋》的讲话，而后，迅速派出几员悍将出征美国市场，并在短期内迅速打开了局面。到了 2002 年，华为在美国市场的销售收入已经增加了一倍，超过了 5 亿美元，而这无疑是动了美国本土最大的通信设备提供商思科（CISCO）的奶酪。

2002 年 12 月，思科公司的代表在深圳紧急约见华为高层，正式提出华为侵犯了思科的知识产权。一个月后，思科向美国得克萨斯州马歇尔法院提起诉讼，指控华为侵犯了其知识产权，涉及版权、专利商标等 20 多项罪状，并据此要求华为支付巨额赔偿金。

华为不得不全力以赴应对这场危机。华为聘请了美国知识产权领域久负盛名的律师事务所，由其派出全美顶尖的知识产权律师，又聘请了第三方专家、斯坦福大学数据通信教授对源代码进行分析对比，经多方努力，反复斡旋，法院判定根据第三方专家对源代码进行严格比对，最终证明华为是清白的。2004 年 7 月，思科遂与华为签署了和解协议。

首战受阻后，华为并未放弃进入北美市场的努力，而是采取了各种变通的手段、策略和措施。包括在达拉斯和硅谷设立两个研发中心，聘请了大量世界级的研发人员，在华盛顿著名的 K 街设立了办事处，组成了强大的公关游说团队，与美国国会、最高法院和国家安全委员会进行正面沟通，甚至主动提出开放其设备源代码。

2010 年 7 月和 10 月，华为参与了摩托罗拉无线设备资产和 3Leaf 的竞购项目，但在美国政府的直接干预下，华为仍旧无法扭转失败的结局。

同年 11 月，华为获得了美国第三大电信运营商斯普林特（Sprint）价值 50 亿美元的 3G 网络项目投标资格，在评标过程全面领先客户即将拍板的关键时刻，8 名美国议员致信时任美国总统奥巴马和联邦通信委员会主席，进而给斯普林特决策层施压，迫使华为提前出局。

据智纲智库的创始人王志纲先生回忆，2001 年中国顺利加入 WTO 之后，中方谈判代表龙永图名满天下，载誉而归。同为贵州人的任正非，曾专门向龙永图请教。他问龙永图，华为应该按照什么样的规则和法律体系来制定自己的全球化战略。龙永图说道："当然是以联合国公认的条例为基础。"任正非却认为当前全球规则的制定权和解释权还是掌握在美国手里。

受阻美国没有妨碍华为一步步成为一家全球型企业。2009 年，华为实现销售收入 215 亿美元，成为仅次于爱立信的全球第二大通信设备制造商，第一次登上《财富》世界 500 强榜单。

在此期间，华为要做的不仅仅是面对全球通信设备领域的第一地位的挑战，更是面对自身管理能力的挑战。

扩张最快速的时期，往往也是最危险的时期。管理复杂度成倍增加，成本大幅上升对企业的健康经营带来了巨大的挑战，华为的营业利润率从2003年的19%下降到了2007年的7%，净利润从14%下降到5%，原来一直控制在50%以下的资产负债率上升到了67%，应收账款激增，现金流周转缓慢。

华为决策层意识到，他们必须摆脱以产品市场占有率为导向的固有思维，必须把构建核心能力作为下一步发展的根本基石，并以此为契机推动一系列的变革。

财务管理方面：2007年，华为与IBM合作，推动IFS（集成财务系统）变革，在新财务体系的监管下，华为革除了以往粗放、不计成本的盲目扩张模式，开始稳健地步入一个营收、利润、现金流平衡发展和良性运转的新轨道。

组织管理方面：2009年，为破除总部的官僚主义，提高运营效率，任正非提出以“让听得见炮火的人呼唤炮火”为基本原则的组织转型；原来的9大片区被拆分为22个贴近市场一线的地区部，将指挥决策中心迁移到“听得见炮火”的地方；在地区部下设若干个由客户经理、产品经理和交付经理组成的“铁三角”作战单元，发现市场机会后，他们可以在地区部的授权范围内现场决策；遇到重大项目，他们可以迅速向地区部呼唤炮火支援，这有助于缩短决策周期、加快反应速度、缩减内部沟通成本，促使作战能力迅猛提升。

知识产权方面：历时一年半的思科控诉华为侵权案给华为上了一堂生动的“知识产权保护课”，让华为对专利的应用战略有了全新的认识。华为发觉要走向世界，必须学会在全球范围内利用专利进行自我保护。2008年，华为在全球知识产权组织排名中的知识产权申请数量跃居第一。

2012年，华为的全年营收达到2 200亿元人民币，全面超越了最大的全球竞争对手——爱立信，从全球通信设备行业的挑战者成为全球通信行业的领军者。

全球领导者：2012—2018 年

2011 年 1 月 17 日，在意大利西西里岛举办的华为董事会上，任正非提出："在未来十年里，华为不仅希望成为一家技术领先者，还要成为一家年营收达到 1 000 亿美元的科技公司，与思科、惠普、IBM 等西方科技巨头并驾齐驱。"

要实现这一宏大目标，完全依赖单一的电信设备市场显然是不行的。当时全球的电信设备市场价值也不过千亿美元，怎么可能由华为独霸天下？

华为将视线投向了全球具有 4 000 亿美元规模的消费者终端（手机）市场。

2011 年，华为打破了以往的组织模式，将公司业务按客户群重组为运营商、手机终端和企业网这三大业务单元，后在 2017 年成立了云计算业务单元。

华为无疑是经过深谋远虑的长远布局后选择赛道的。这样的战略选择也意味着华为将在各个赛道上与全球顶级的企业展开直接竞争。

在运营商领域，继续与爱立信、诺基亚竞争。

在手机终端领域，与引领高端智能手机时代的苹果和三星正面竞争。

在企业网市场，和惠普、戴尔、思科正面展开竞争。

在云计算市场，与亚马逊、微软以及阿里、腾讯竞争。

华为轮值 CEO 徐直军表示："原先华为的业务是聚焦运营商，但现在华为把业务铺开，既面向运营商，又面向企业和消费者，这是非常大的挑战。"

绝大部分中国企业，即便是在全球行业中地位名列前茅的极少数领军企业，也都习惯了前方有可以对标、追逐的对象，有前行者的足迹可以跟随。

从 2012 年开始，华为在通信设备领域的业务规模就超越了其最大的竞争对手爱立信，成为当之无愧的全球领导者。华为就此进入了无人领航、无既定规则的“无人区”，前方失去了多年来追随、赶超的对象，必须自己探索产业和技术发展的方向。华为必须适应全球领导者的新角色。

在 2016 年 5 月召开的全国科技创新大会上，国家领导人出席，两院院士济济一堂，任正非代表华为汇报发言。

任正非直言不讳地说：“华为现在的水平尚停留在工程数学、物理算法等工程科学的创新层面，而尚未真正进入基础理论研究领域。随着逐步逼近香农定理、摩尔定律的极限，针对大流量、低时延的理论还未创造出来，华为已经感到前途茫茫，找不到方向。华为已前进在迷航中。”

为了打破这一困境，避免前途茫茫，任正非给出的药方是：坚持科技创新、力主开放创新、追求重大创新。

任正非说：“我们需要开放地吸收宇宙能量，加强同全世界科学家的对话与合作，支持同方向科学家的研究，积极地参加各种国际产业与标准组织、各种学术讨论，多与能人喝咖啡。”

华为专门设立了“2012 实验室”，并将其当作面向未来科技研发的创新平台，专攻前沿技术和面对未来不定性的探索性研究。

该实验室由任正非命名，著名的灾难片《2012》触发了他强烈的忧患意识，未来信息像洪水一样泛滥，不可预测的黑天鹅事件随时可能发生。华为想要基业长青，就得提前投资建造“诺亚方舟”。

2012 实验室的主要研究方向有第五代通信技术（5G）、云计算、自然语言处理、数据挖掘、机器学习和新材料等多个领域。

“诺亚方舟实验室”主要围绕人工智能展开研究，设立于香港科学园，实验室主任由香港当地大学教授出任，并聘用了全球各地区科研人员从事基础研究工作。

“2012 实验室”旗下还有很多以世界知名科学家或数学家命名的神秘实验室，包括香农实验室、高斯实验室、谢尔德实验室、欧拉实验室、图灵实验室等。

此外，华为在美国、加拿大、印度、日本以及欧洲设立了 8 个重要的海外研究所，欧洲研究所在全球的研究所中有着极其重要的地位，因为它是华为两大数学中心之一，拥有研究 5G 的重量级团队。

海思半导体有限公司负责为华为设计芯片，这个组织自 2004 年成立以来一贯低调、不为外人所知，直到 2019 年 5 月 16 日美国商务部工业和安全局（BIS）把华为及 70 个附属公司列入美国出口管制的“实体名单”。

当天，海思总裁何庭波致信海思全体员工，她在信中说道：“多年前，还是云淡风轻的季节，公司做出了极限生存的假设，预计有一天，所有美国的先进芯片和技术将不可获得，而华为仍将持续为客户服务。”

早在 2004 年，华为就以罕见的战略远见，预见了可能出现的极限假设，并以极大的战略决心，在一项短期内根本无法取得成效甚至可能永远也发挥不了作用的领域，投入大量的资源打造战略“备胎”。任正非曾经对海思掌门何庭波说：“给你每年 4 亿美元的研发费用，给你 2 万人……即使芯片暂时没有用，也还是要继续做下去，这是公司的战略旗帜，是不能动摇的。”

2017 年，华为在年报中披露了对未来科技的展望，内容包括从上百亿的个人终端到无处不在的工业传感器，万物感知打通了物理世界与数字世界的边界，源源不断地产生着海量数据；从人人通信到无处不在的物联网，万物互联加速了数据流动，使大规模的数据分析和利用成为可能；从全球分布的云数据中心到无处不在的边缘计算，万物智能将数据转换成商业机会，激发各行各业应用创新、释放潜能。在新技术的驱动下，消费者偏好和企业需求不断变化，新的体验和新的商业模式层出不穷，各种机会和挑战正扑面而来。

2018 年，华为发布了最新的愿景和使命：

> 把数字世界带入每个人、每个家庭、每个组织，构建万物互联的智能世界。

华为在 2018 年年报中披露：华为坚持每年将 10% 以上的销售收入投入研发，近 10 年累计投入达到 4 850 亿元人民币，其中 2018 年全年研发投入超过 1 000 亿元。2018 年华为研发人员达到了 8 万多人，约占公司总人数的 45%。根据世界知识产权组织（WIPO）公布的数据，2018 年华为向该机构提交了 5 405 份专利申请，在全球所有企业中排名第一。

无论是在业务规模、科技实力、全球影响力方面，还是在面对巨大困难时展现的韧劲和生命力方面，华为已经成了一家现象级企业、一个当之无愧的全球领导者。

吉利——从草根到殿堂

自 1886 年德国工程师卡尔·本茨（Karl Friedrich Benz）发明汽车以来，全球汽车业已经历了 130 多年的历程。当前的汽车业真正面临着“百年未有的大变局”。无人驾驶、汽车互联和共享经济等新技术、新模式正在深刻地改变着这一“传统行业”。

从技术角度来说，在人类手握方向盘一个多世纪以后，也许在不远的将来，机器即将在道路上代替人类驾驶汽车。

从商业角度来看，以人工智能技术整合汽车行业多年来赖以生存的商业模式，将主导汽车行业的未来发展。

最令全球业界瞩目的中国市场，更是这一场颠覆中的焦点。

消费层面。中国汽车工业协会发布的《2018 年汽车工业经济运行情况》显示，2018 年，中国全年汽车生产量为 2 780.9 万辆，销售量为 2 808.1 万辆，连续十年蝉联全球第一。

此外，受国内经济增长趋缓、大城市限购范围扩大、购置税优惠政策终止等多重因素影响，2018 年我国汽车产销量比去年同期分别下降 4.2% 和 2.8%，这是 1990 年以来中国汽车销量首次下降！

政策层面。我国对外资的大门正在以前所未有的速度全面打开。2018 年 6 月 28 日，国家发改委、商务部发布《外商投资准入特别管理措施（负面清单）（2018 年版）》，宣布将于 2018 年取消专用车、新能源汽车外资股比限制，2020 年取消商用车外资股比限制，2022 年取消乘用车外资股比限制，同时取消合资企业不超过两家的限制。

2018 年 10 月，宝马汽车宣布将在 2022 年以 36 亿欧元收购华晨宝马 25% 的股权，其股权比例由目前的 50% 增至 75%，这意味华晨宝马成了一家外资股比超过 50% 的合资企业。

2018 年 10 月，特斯拉（上海）有限公司成功获得上海临港装备产业区几十万平方米的工业用地，这标志着特斯拉上海超级工厂在上海实质落地，这是中国首家由外国制造商全资拥有的汽车投资项目。特斯拉创始人埃隆·马斯克（Elon Musk）宣布，3 年内特斯拉上海工厂将下线第一辆电动汽车，从而使特斯拉的全球产能从 25 万台增加到 50 万台。

不停搅动汽车业内人士心绪的还有雨后春笋般层出不穷的“造车新势力”。2018 年上半年，在集聚某汽车行业人士的微信群出现过一张造车新势力的品牌商标汇总照片，细数之下有49家之多，而半年之后，国内造车新势力已超过100家。

热闹背后是残酷。按照行业发展规律，这百余家“造车新势力”能够最后存活下来的也许不超过20%，但在资本的驱动下，无人愿意退却。沃伦·巴菲特的名言是当下的最佳写照：只有当潮水退去，才会知道是谁在裸泳。

在中国汽车业，吉利汽车似乎是一个奇特的企业。即便是同处杭州一城的知名财经作家吴晓波，面对近年来吉利突飞猛进的发展，也不由自主地发出以下三问。

一个国有体制外的民营企业，如何在垄断行业获得一席之地？

一个几乎没有任何技术及市场资源的后来者，如何在汽车行业拼出一片天？

一位草根出身的商人，如何蜕变成具有现代汽车商业气质的企业家？

答案之一就是全球化，正是由于选择了全球化的发展道路，并在全球化进程中不断挑战自我，吉利汽车才完成了从草根到殿堂的经典逆袭。

吉利的发展之路，就是一条不折不扣的全球化之路，而跨境并购这个被大部分中国企业视为畏途的高难度动作已经被吉利运用得炉火纯青。

- 2006年，吉利在还很弱小的时候，就大胆收购英国锰铜集团控股19.97%的股权，开始踏上了海外收购之路。这次收购挽救了这家濒临破产的以生产伦敦标志性黑色出租车的企业，双方合作建立合资工厂，生产伦敦TX4出租车。2013年，吉利控股收购了所有伦敦出租车公司的股权，接收了新公司的运营权。新工厂于2015年8月破土动工，首批下线的伦敦出租车TX5计划登陆英国以外的欧洲市场。
- 2009年3月，吉利收购了澳大利亚变速器公司DSI，使吉利在汽车核心零部件领域有了更大的话语权。

- 2010 年 8 月，吉利汽车以 18 亿美元的价格收购沃尔沃汽车，获得沃尔沃汽车公司 100% 的股权以及相关资产（包括知识产权），并因此轰动了全球汽车界。
- 在蛰伏了数年之后，在 2017 年和 2018 年，吉利的海外并购节奏再次陡然加快。
- 2017 年 6 月，吉利控股集团正式和马来西亚 DRB-HICOM 集团签署协议。协议规定，吉利控股将拥有马来西亚国宝级企业宝腾汽车 49.9% 的股份以及英国豪华跑车品牌路特斯 51% 的股份。
- 2017 年 11 月，吉利控股集团宣布与美国 Terrafugia 飞行汽车公司达成协议，将收购 Terrafugia 的全部业务及资产。
- 2017 年 12 月，吉利控股集团宣布与欧洲基金公司 Cevian Capital 达成一致，将收购其持有的沃尔沃集团 8 847 万股的 A 股股票和 7 787 万股的 B 股股票。吉利控股将拥有沃尔沃集团 8.2% 的股权，成为其第一大持股股东，并拥有 15.6% 的投票权。
- 2018 年 2 月，吉利集团有限公司（现更名为“吉利科技集团”）宣布已通过旗下海外资金主体收购戴姆勒股份公司 9.69% 具有表决权的股份，成为其第一大股东。
- 2018 年 10 月，吉利控股集团宣布与戴姆勒出行服务有限责任公司在中国组建高端专车出行合资公司。
- 2019 年 3 月，吉利控股集团与戴姆勒集团建立合资公司，在全球共同运营 smart 品牌。合资公司设在中国，双方各持股 50%。
- 2019 年 9 月，德国城市空中出行公司 Volocopter 完成 C 轮首轮融资 5 000 万欧元，由浙江吉利控股集团领投，戴姆勒股份公司参与投资，双方各持股10%。

吉利的一连串海外并购组合拳让外界惊呼连连，看似不按常理出牌，但我们若能予以仔细探究，就会发现其每一次并购都符合其明确、坚定的总体战略意图；每一次并购都符合“总体跟随，局部超越，重点突破，招贤纳士，合纵连横，后来居上”的战略思想；每一次并购，无论在产业版图上还是地域布局上，都在为长远发展布局谋篇。

20年来，吉利控股集团的全球化发展不仅带来了令人惊叹的业绩增长，其通过全球化实现转型升级的发展模式和路径更是可圈可点。

我曾访问吉利控股集团数天，有机会深度参观吉利控股集团总部、杭州湾研发中心、帝豪生产基地、吉利大学等机构，我由衷地感到吉利控股集团的发展历程正是中国企业大力推进全球化，进而实现转型升级的最佳实践。

产品升级

吉利汽车在诞生的早期，有很长一段时间被视为无法登上大雅之堂的低端产品。

1998年，吉利的第一辆汽车“吉利豪情”诞生，汽车价格便宜，但是粗制滥造。

2010年收购VOLVO汽车使吉利一举获得10个可持续发展的产品及产品平台，极大地增强了吉利汽车的影响力。

2017年年底，借助由沃尔沃汽车主导，沃尔沃汽车与吉利汽车联合开发的全新基础模块架构CMA基础模块架构和VOLVO全球统一的制造体系和质量标准，高端品牌领克汽车被成功推出。

至此，吉利控股集团的产品家族终于实现了明显的体系化布局。“帝豪”“远景”“博系”产品构成的吉利系列产品的定位是主流汽车品牌；领克汽车的定位是高端品牌；VOLVO 汽车的定位是豪华品牌。

技术升级

收购 VOLVO 汽车，让吉利的技术水平发生了革命性的变化。在此基础上，吉利已经在杭州、宁波、哥德堡、考文垂和法兰克福建立了五大工程研发中心；在上海、哥德堡、巴塞罗那、加利福尼亚和考文垂设立了五大设计中心，研发人员超过 2 万名。

位于瑞典哥德堡市的欧洲研发中心 (CEVT) 充分发挥了吉利和沃尔沃的优势与资源，联合开发全新的中级车基础模块架构和相关部件，满足沃尔沃汽车集团和吉利汽车集团未来的市场需求。目前 CEVT 拥有来自 20 多个国家的 2 000 余名顶尖汽车工程师。

2017 年，吉利发布“iNTEC 人性化智驾科技”技术品牌，全力发展智能化技术，重点开发智能驱动、智能安全、智能驾驶、智能互联、智能健康这五大领域。

2018 年 3 月，吉利汽车发布吉客智能生态系统 (GKUI)，联合数十家合作伙伴，以开放、共享的姿态构建“全球价值协同共享体系”。

而收购美国 Terrafugia 飞行汽车公司，无疑是吉利对未来技术的探索和布局。

在重中之重的新能源汽车领域，吉利通过自主研发、沃尔沃投放 Polestar 电动汽车、投资新能源汽车共享平台曹操专车、与戴姆勒集团在电动车领域开展合作等多种路径，开展了全方位的落子布局。在不远的未来，当前被布下的若干新能源棋子或将殊途同归，助力吉利新能源建立起全面的优势。

人才升级

汽车产业是典型的资金、技术、人才密集型产业，离开了全球顶级人才，打造全球领先企业就是一句空话。20世纪50年代，正是通过大胆引入“二战”后从美军退役的“蓝血十杰”，美国福特汽车才真正走上了科学化管理的发展道路。

创立之初，吉利汽车就把“招贤纳士”视为公司的根本战略之一，目前在财务、研发、制造、营销、人力资源各领域都汇聚了一批全球顶级人才，这些人才正是保障吉利全球化战略顺利落地的关键保障。

位于瑞典哥德堡的中欧汽车研发中心（CEVT）由方浩瀚（Mats Fagerhag）一手创建。他曾是萨博的汽车研发总监。看到了吉利在并购沃尔沃汽车后的巨大发展空间和更多的可能性后，方浩瀚毫不犹豫地加入吉利。在他的带领下，CEVT历时3年研发出CMA模块化基础架构平台，满足从A级到B级的不同车型开发需求。目前，CEVT已从仅拥有20余人的团队发展成为拥有2 000余人的全球汽车研发高地，吸引了大量来自宝马、大众、福特等公司的全球顶尖人才。

被誉为“汽车设计天才”的彼得·霍布里（Peter Horbury）于2011年加入吉利，负责为吉利汽车设计全新的造型。当时的吉利汽车正处于转型期，没有形成统一的设计语言。彼得的团队为吉利汽车注入中国元素，打造出风格鲜明的吉利设计体系，并推动吉利汽车从潮流跟随者变成潮流引领者。目前，彼得的团队拥有千余人，遍布全球五大造型设计中心。

战略升级

2007年5月，李书福发布“宁波宣言”，以此为标志，吉利控股开始实施第二次战略转型。李书福明确提出吉利将从“低价战略”向“技术先进、品质可靠、服务满意、全面领先”的战略转型。同时，还提出了“总体跟随，局部超越，重点突破，招贤纳士，合纵连横，后来居上”的发展战略。

不仅仅吉利控股层面极度重视战略规划，在收购了沃尔沃汽车之后，李书福最先做的两件事之一就是授权沃尔沃董事会制定全球新战略。

早在吉利收购沃尔沃汽车之前，1999 年沃尔沃汽车曾经被福特汽车收购，那时的沃尔沃汽车董事会的实质作用并不大，甚至被称作“纸上董事会”，在重要事项上都是福特汽车总部迪尔伯恩的人直接做决策。一名工会代表这样描述沃尔沃过去的董事会：“（吉利收购）之前，董事会有瑞典人，也有美国来的英国人，但是他们很少讨论问题。每次来开董事会，感觉他们好像只是为了哥德堡的美食而来。”

吉利接手沃尔沃汽车之后，李书福提出了“放虎归山”计划，让沃尔沃不再是某个公司的某个部门，而是可以决定自己命运的独立运营的公司；沃尔沃的董事会也不再是一个“纸上董事会”，而是能够独立行使百亿美元投资决策的董事会。与此前不同，这一次沃尔沃以独立汽车商的身份为自己的未来绘制蓝图。

李书福对沃尔沃的全球战略规划要求极高，他提出，沃尔沃最大的风险就是不敢冒险，你们需要明智地去冒险，要有雄心壮志。

在此后的沟通中，李书福一直鼓励他们要有更加远大的愿景。一改再改之后，这样的战略方案摆在了沃尔沃汽车董事会的桌上：

> 愿景——成为全球最具人文精神和进取精神的豪华汽车品牌
>
> 目标——以人为尊
>
> 核心价值——在安全、品质、环保的基础上，简化你的生活

正是在强大的战略指引、恰到好处的管控以及巨大的资源投入之下，曾经一度濒临险境的沃尔沃汽车重获生机。

在收购沃尔沃汽车 8 年之后，吉利集团成为戴姆勒汽车公司第一大股东的消息再次震动了全球汽车界。

李书福认为，此次入股戴姆勒汽车与 8 年前并购沃尔沃汽车相比，吉利面临着完全不同的市场环境和产业格局，并购的出发点也截然不同。

8 年前，吉利从福特手中收购沃尔沃汽车的时候，正值全球金融危机，不少老牌汽车公司在冲击下经历了一轮洗牌和重塑，然而这种洗牌更多还是发生在传统汽车行业框架内的。

8 年后的今天，汽车行业的智能互联化、自动化、电动化等发展趋势已毋庸置疑，传统汽车公司面临更多的新兴行业挑战者的竞争。例如，谷歌、微软、优步等科技和互联网企业。传统汽车的从业者必须改变单打独斗的思维，需要与更多的公司合作开发未来技术和通用系统，这样才能更好地布局未来。

李书福坦言，“21 世纪的全球汽车行业面临巨大创新机遇，也面临来自于非汽车行业公司的挑战，各个汽车企业单打独斗很难赢得这场战争。为了主动抓住机遇，我们必须刷新思维方式，与朋友和伙伴联合，通过协同与分享来占据技术制高点。只有用超越国界的思维思考问题，探索一切可能联合的对象，才能在新一轮科技革命和产业变革中抓住机遇。”

毫无疑问，今天的吉利还面临诸多难题：吉利自主品牌如何向上发展突破市场份额瓶颈，同时投资沃尔沃汽车和戴姆勒集团可能带来的公司治理难题，都在考验着吉利集团的智慧。

但有一点可以确定：在全球汽车行业变幻莫测的大环境之下，与国内众多车企相比，吉利将发展的战略决定权牢牢掌握在自己手里。

2018年5月21日，李书福在自己的家乡的报刊《台州日报》上发表《向改革开放四十周年致敬》一文，他在文中提道："这条路实在太艰辛，这条路也确实很诱人，这条路时而景色秀丽，时而乌云密布，我们勇敢地在这条路上参加了没有尽头的马拉松，虽然跑得腰痛腿软，浑身是汗水，有时还出现精神恍惚，不知所措，但前方的路依然神秘，勾起了我们无穷的想象，探索远方秘密的心情根本无法平静，已经扬起的创业风帆将继续推动我们走向充满无限可能的汽车世界。"

这段发自肺腑的文字，无疑是吉利在汽车领域上下求索的心声吐露，又何尝不是吉利多年来追求全球化发展的最佳写照？

柳工——内陆国企向海而生

在走向海外的中国企业集群中，工程机械企业早在21世纪初期就开始了全球化探索。凭借着敢为人先的国际视野、挑战世界一流企业的胆识与勇气和一批有远见卓识的优秀企业家，在过去二十年间，中国工程机械行业涌现出柳工集团、徐工集团、三一重工、中联重科、安徽合力、铁建重工等一大批具有全球竞争力的优秀企业。

广西柳工，虽身居内陆，但心向大海，是中国工程机械军团阔步海外的典型代表。

2003年的早春，时任广西柳工总裁曾光安等一行人第一次走出国门，把北非摩洛哥的卡萨布兰卡当作试水海外市场第一站的时候，并不清楚未来的海外之路到底能走多远。

2003年，柳工海外销售产品不超过百余台，海外收入只有区区数百万美元。2018年，柳工的海外收入超过6亿美元，15年间，海外业务规模足足扩大了 100 倍。

21 世纪初期，柳工仅有一名外籍质量顾问，2018 年，柳工的海外员工数量达到 2 000 名，占全部员工的比重达到 20%，10 名高管团队中有 2 名外籍经理人。

柳工经历了海外资产从无到有的过程，柳工在印度建立了第一家海外制造工厂，在波兰并购了 HSW 集团旗下民用工程机械事业部，在巴西、阿根廷以轻资产模式投资了制造基地，在北美、英国、波兰、印度设有海外研发中心，海外资产的占比达到 10%。

柳工已经成为中国工程机械全球化程度最高的代表性企业之一，并创造出了令世界同行瞩目的“柳工现象”。

中欧商学院的忻榕教授曾经带领中欧国际工商学院中国企业全球化的研究团队赴广西柳工，深度探究柳工的全球化发展历程，并将其写入了中欧商学院的案例之中。

忻榕教授认为，一般来说，企业的国际化有三条路径可走，即“自我成长”“建立联盟”以及“跨国并购”。在中国企业中，多数企业采取了其中的一条或两条路径，三条道路都走的企业并不多见。然而，柳工在国际化过程中，同时选择了这三条路：“自我成长”——在印度和巴西建立海外工厂；“建立联盟”——与康明斯、采埃孚等跨国公司建立合资企业；“海外并购”——收购波兰 HSW 企业的民用工程机械事业部，成立柳工 DRESSTA 机械有限公司。柳工在这三条路径上遇到的挑战以及获得的经验和教训，对柳工自身及其他中国企业来说都是无价之宝。

战略引领是柳工全球化发展最为突出的特征之一。

柳工以 5 年为一个战略周期。在每个战略周期，柳工都会邀请专业的咨询机构与内部业务部门一起群策群力，深度研究全球宏观环境和产业发展趋势，制定专门的国际业务发展战略，为下一个五年明确方向、设计航道、厘清困惑、凝聚共识，并且每年都会进行战略质询和回顾，并根据外部经营环境的变化，进行必要的调整。

2002年，受中国加入WTO的影响，对外部环境敏感度颇高的柳工董事会提出“建设开放的、国际化的柳工”的发展愿景，但这个愿景还相对模糊，柳工还需要绘制一幅更加科学的发展蓝图，制定更加明确的发展目标，设计更加清晰的发展路径以及筹集必要的资源。

2005年，柳工下决心制定第一个国际化战略。当时我还是国内一家咨询机构的项目负责人，受柳工委托，我带领一个咨询团队，与柳工海外营销业务团队同心协力，共同制定了柳工历史上第一个海外业务战略。

如果用一个关键词来高度概括柳工第一个海外业务战略的话，那就是“营销”。因为这个战略规划的出发点是如何在全球市场开发渠道和客户，建立海外营销体系，其核心就是从原始的国际贸易模式向国际营销模式转型。

对于国际贸易与国际营销的差别，时任柳工总裁、现任柳工集团董事长曾光安的论述十分经典，他认为，国际贸易就像水上的浮萍，到处飘零，没有根基；而市场营销就像种树，要扎根于当地市场；还要精心呵护培养这个市场。种下一棵小树之后，它会慢慢长大。种一棵树不够，我们还要种一片树林。

在协助柳工制定了历史上第一个海外战略之后，我受邀加盟柳工，先后担任海外事业部副总经理、总经理、总裁助理，与柳工数百名海外将士一道，在全球市场开疆拓土，足迹遍布海外数十个国家。

在第一个五年战略周期，柳工在全球100多个国家找到了130余家代理商，建立了覆盖全球的代理商网络，完成了西方工程机械企业至少要20年才能完成的使命，彻底完成了由国际贸易向国际营销模式的转变。

值得一提的是，在国际化业务开展的初期，由于对国际业务了解不多、认识不足，组织内部的机构和职能部门往往对国际业务的重要性和复杂性理解得不充分，不能从全局的角度看待国际业务的发展，甚至有人认为“国际业务”就是“国际事业部的业务”，在这样的情况下，组织内部难以形成合力支持海外业务快速发展。

为了能够有效落实国际化战略，使发展国际事业成为每个经营单位、每个职能部门的共同使命，柳工高层要求每个事业部、每个职能部门的年度绩效考核指标至少有10%要和国际业务的经营结果挂钩，这看似简单的一招大大激发了公司上下对国际化经营的主人翁意识。

2010年，第二个海外战略周期开始，柳工下决心聘请全球最知名的战略咨询公司麦肯锡公司作为战略顾问。此时，我作为内部项目负责人全面组织柳工制定国际化战略。与第一个战略周期相比，这一次的海外战略规划最大的特点就是全面超越了营销的视角，真正从全局的高度看待国际业务。

咨询界流传着很多对麦肯锡咨询顾问善意的调侃。的确，战略顾问对具体业务问题的了解程度肯定不如长期征战一线的业务人员，但其独特的战略视角往往能一针见血，直击问题的本质。

当时麦肯锡顾问提出了两个问题。

第一，柳工的海外业务覆盖全球100多个国家，但在哪些国家具备优势地位？在周期性极强的工程机械行业，如果中国市场发生大幅波动，哪些海外市场能够作为优势市场，承担起支撑柳工生存和发展的重任？

第二，柳工当时的海外业务模式主要依靠单纯的内生增长模式，目前欧美国家出现金融危机，资产价格大幅下跌，一些企业正在考虑出售部分优质资产，海外市场出现了难得的并购机会，柳工是否应该考虑大胆推进海外并购，实现海外业务的跨越式发展？

这两个关键问题正是平时埋头于日常业务运营的海外业务团队无暇顾及

的，这就是战略顾问的价值所在。

柳工决策者决心听取麦肯锡顾问的建议，在第二个战略周期中重点突出如下方略：

在区域战略上，把东南亚、印度、东欧和拉美地区作为海外四大重点市场，重点保障资源投入，力求深度精耕，使它们早日成为“第二本土市场”；

在发展路径上，立足“第二本土市场”，积极寻求投资、并购的机遇，力求实现跨越式发展。

如果用一个关键词来高度概括柳工第二个海外业务战略的话，那就是“投资”。海外投资和海外营销两条腿走路，令全球化路径更加丰富、更加深入，使柳工的海外业务又向前大大推进了一步。

第二个战略周期内，柳工在第二本土市场积极落子布局。在印度建成第一家海外工厂，继而在东欧的波兰收购了 HSW 旗下的工程机械事业部，而后在拉美地区的巴西和阿根廷建立了 KD 项目。

如今柳工在印度已经全面完成了本地研发、本地制造和本地供应链体系的建设，在印度年产销量已经超过千台，并大幅实现盈利；经过几年的艰苦努力，波兰 DRESSTA 公司已经完成全面整合；巴西和阿根廷 KD 项目运营顺利；东南亚市场已经成为名副其实的海外粮仓，深耕“第二本土市场”战略初见成效。

在 2015 年开始的第三个战略周期中，柳工提出了“2020 战略”。其中，最为引人注目的是“三全战略”，即“全面国际化、全面智能化和全面解决方案”。其中，“全面国际化”被放在首要地位，这突显了柳工向一家全球型企业彻底转型的坚定决心。

如果用一个关键词来高度概括柳工第三个海外业务战略，那就是“科技”。

经历了十余年的海外业务拓展以后，柳工深刻地认识到要想成为一家真正的全球化企业，单独依赖成本竞争力、员工的辛勤付出是远远不够的。掌握核心科技才是真正能够在全球市场赢得尊重的立身之本。

因而，柳工在第三个海外战略周期中将大量的投资和人才引进重点集中在研发领域。

2015 年 6 月，柳工全球研发中心正式落成。这个占地达 10 万平方米、总投资额超过 3 亿元人民币的项目于 2013 年立项，那时正是全球工程机械行业的极度低迷期，业内各大公司都在忙于关闭工厂、裁减人员。

柳工集团董事长曾光安说道："我们为什么要在工程机械行业下行压力加大的大环境下投巨资打造自己的全球研发中心？因为企业的未来必然取决于企业的创新能力。纵然'哀鸿遍野'柳工也要站在技术领先前列！"

一年后，柳工又和波兰国家研发中心签署了共建柳工欧洲研发中心协议。根据协议，柳工波兰公司计划在未来 5 年至 10 年内投入巨资，用于高端工程机械的研发，波兰国家研发中心也将对柳工的研发项目予以资助。

5G 时代加速到来，创造了许多新的不可能。柳工携手华为和中国电信在柳工国际工业园开通了 5G 网络，率先实现了工程机械的超视距遥控。2019 年 9 月，在工程机械的行业盛会北京 BICES 展上，身处顺义新国展中心的操作人员利用 5G 网络即可遥控操作远在 2 000 千米之外的柳工国际产业园内的装载机，流畅地完成前进、铲运、装载、卸料等一系列动作。柳工又一次走在了行业科技应用的前列。

全球化的战略密码

关于全球化战略的定义，日本学者石井昌民（Ishii Changmin）认为，全球化战略是指把世界视为一个统一市场，从世界性的视野来研究、研发、采购、生产制造、销售、财务、人力资源等战略。

全球化战略是指跨国公司从全球发展的角度出发，对它所拥有的有限资源进行优化配置，以期达到长期的总体效益最大化，而不是斤斤计较于国际业务中一时一地的得失。

我们从华为、吉利、柳工以及其他优秀企业的海外发展历程可以看出，全球化企业都具备以下特征。

战略愿景、目标远大

基于全球视野和高度看待行业发展趋势，洞悉全球产业特征和竞争格局，敢于对标世界级领先企业，查找自身的劣势和不足，敢于在全球坐标系内设定极富挑战性的发展目标是这类企业的共同特征。

西方谚语有云："对一艘漫无目标的航船来说，任何方向的风都是逆风。"

华为、吉利、柳工身处不同地域、不同行业和不同的体制机制，产业特征不同、规模体量不同，但都有一个共同之处——在经历了出海早期短暂的摸索期与迷茫期之后，很快就静下心来，着手制定了清晰的战略愿景和发展目标。

30 年前，任正非就提出，全球通信行业，华为要三分天下有其一。

2007 年，李书福发布"宁波宣言"，提出建设具有全球影响力和国际竞争力的企业的远大目标。

2002 年，柳工董事会提出了建设开放的国际化的柳工的发展愿景，而后于业内率先开展了国际化战略的制定工作，为未来五年的发展厘清了目标和方向。

彼得·德鲁克如此描述设定愿景与目标的意图："每个企业都需要简单、明确、一致的目标。它必须是易于理解的和有足够的挑战性的，这样企业才能建立共同的企业愿景。"

目标和愿景的重要作用会在企业内部动力与能量的释放过程之中被彰显出来。明确的目标和愿景能够对员工的工作赋予意义和目的，员工有了自我意识，整个公司也就形成了凝聚力。

法国作家安东尼·德·圣艾修（Anthony de Saint-Essieu）对此做出形象的描述："如果你想建造一艘船，那么不要把人民都聚集到一起，让他们收集木材、下订单和将工作分配给其他人，而是应该引导他们向往浩瀚的大海。"

全球视野，全球资源

全球资源的范畴包括市场资源、原材料、财务资源等有形资源，更重要的是顶级智力、技术和经营思想等无形资源。

领军企业的战略视野，从早期对海外市场资源、原材料等有形初级资源的追逐，进化到如今对海外技术、智力资源和战略性的产业稀缺资源的极度重视。

华为成为全球企业专利申请量第一名的背后，是遍布全球的优秀科学家。正如任正非所说："我们不仅仅以内生为主，外引也要更强，我们的俄罗斯数学家更愿意做更长期、挑战难度更大的项目；日本科学家的精细，法国科学家的浪漫，意大利科学家的敬业，英国、比利时科学家领导世界的能力……"

早在 2011 年，华为聘请前英国政府 CIO 约翰·萨福克（John Suffolk）当华为全球网络安全和隐私官，其职责包括监测和改善华为全球供应链的信息安全。

华为英国子公司于 2011 年开始设立董事会，六名董事会成员当中有三名为英籍独立非执行董事，并聘请前英国石油公司（BP）首席执行官约翰·布朗（John Brown）勋爵为董事会主席。近年来，华为在英国获得极大的成功，本地董事会的作用不可低估。

在华为近 30 年的成长历程中，还有一个群体绝对不容忽视，他们就是著名的“华为外脑”——外部的管理咨询智囊团。

1998 年，成立仅十年的华为引入 IBM 参与华为 IPD 和 ISC 项目的建立，5 年期间共计花费 4 亿美元升级了管理流程。其手笔之大，决心之强烈，已成业界佳话，正是这些项目厘清了关键业务的逻辑和流程，帮助华为顺利渡过了早期快速发展的管理混沌期。

在华为的成长历程中，除了 IBM 以外，华为还曾聘请过大量的国内外咨询公司或专家，以帮助华为构建研发、供应链、财经、人力资源、市场等方面的制度、流程体系。

如果说华为是最善于使用外脑的中国企业，那么称柳工是中国工程机械行业内最善于使用外脑的企业绝不为过。也许是由于置身偏远的广西，柳工非常善于通过从外部寻找资源解决限制自身发展的瓶颈问题，并且每年都会聘请各个领域内强大的咨询公司提供外脑服务。在柳工厂区门口经常有三三两两的穿着白衬衫、西装、黑皮鞋，提着电脑包的咨询顾问。

柳工领导人的头脑非常清醒，他们尊重咨询顾问但绝不盲从，并要求每个项目都要有柳工内部人员深度参与其中，毕竟这些每天在企业里面摸爬滚打的一线员工最了解自己的实际问题，与各个领域外部专家的密切合作也让员工的能力得到快速提升。

在关键短板领域，以开放的心态，从海外引进稀缺的资源解决自身的问题是柳工全球化发展的一大显著特征。

10 余年前，柳工意识到缺乏世界级的研发体系已经成为制约自身发展的关键瓶颈。时任柳工总裁曾光安三顾茅庐，从意大利 CNH 集团聘请了资深技术人员大卫·闭同葆（David Beatenbough）担任技术研发副总裁，历经数年，建立起了世界级的研发流程和体系。

在中国工程机械企业饱受困扰的海外售后服务和零配件供应环节，柳工先后从美国聘请了大卫·欧戴尔（David Odell）和丹·柯林斯 (Dan Collins) 等专业人士，构建起了高效敏捷的全球售后服务和零配件供应体系。

在欧洲和北美这些全球最难攻克的成熟市场，柳工采取了本地化的人才战略。现任欧洲公司董事长由原美国凯斯公司中国区总裁戴好威（Howard Dale）担任，北美公司董事长则由原卡特彼勒中国区负责人金利文（Kevin Thieneman）担任。

工程机械的核心零部件在某种程度上控制了产业的命脉，柳工先与德国采埃孚公司成立合资企业，后与美国康明斯公司成立合资企业，进而在关键核心传动部件和发动机领域拥有了话语权。

吉利汽车在创立初期只是一个普通的小公司，但其全球资源整合的能力在中国汽车界名列前茅。李书福绝对是调度国内外资源的高手，在并购 VOLVO 汽车的时候，李书福就借助了一些地方政府的力量，既解决了急需的融资问题，又解决了 VOLVO 工厂在中国落地的问题。

成功并购 VOLVO 之后，吉利又利用国内的金融资源，顺利解决了 VOLVO 投资项目的融资问题。

战略定力，砥砺前行

中国企业的出海之旅绝非一帆风顺、风平浪静。收获了多少鲜花和掌声，就经历过多少荆棘和陷阱，如果不能保持战略定力，注定会铩羽而归，折戟沉沙。

21 世纪初期，广西柳工的经营状况一度岌岌可危，外有国际巨头的虎视眈眈，内有民营企业的野蛮生长。全球知名工程机械研究者、英国 off-Highway 总裁大卫·菲利普斯（David Phillips）曾说："如果不提出国际化战略，柳工也许早就不复存在了，最终摆脱不了被国际品牌收购的命运，或者仅仅成为国际品牌的一个代工者而已。"

在后期的全球化进程中，印度建厂、波兰并购等战略举措都使企业承受了巨大亏损，一度引发了极大的质疑。

吉利在开始造车的时候，甚至连一张汽车"准生证"都没有。

创造中国企业的标志性人物、联想控股董事长柳传志坦言，他也曾经对李书福看走了眼，他说："2000 年我第一次见到李书福，当时我们一起做《对话》节目。当时李书福说他要在中国造汽车，引起了全场观众的不屑，现场观众对他并不信任。因为他原来只是卖摩托车的，经营的还是一家民营企业，在中国有那么多大企业在卖汽车。"

在华为刚成立不久的时候，华为内部也曾对华为要不要国际化的问题产生了较大的争议。任正非的回答掷地有声，他认为华为所选择的产业是一个全球充分竞争的产业，产业特点决定了全球化是华为活下去的发展定位，只有在全球化中发挥比较优势，才能成为持久的赢家。

• * • * •

作者手记

走向海外市场、拓展全球机遇、谋求全球发展的理念已经被许多中国企业所接受。中国企业走出海外的大势已然形成，大潮澎湃汹涌。

然而，从具体实践看来，出海征程挑战多多，尤其是近期全球环境发生重大变化，全球经济的汪洋大海上风高浪急。我基于多年的全球化实践和研究，系统地梳理了中国企业走向海外的十大挑战，其中最大的挑战就是缺乏明确、清晰的海外业务战略。

海外业务的起步并不困难，企业招聘几名业务员，联系若干海外买家，就可以开展国际贸易，然而要做到行稳致远则极具挑战性。业务规模的不断扩大，全球化程度的不断加深，海外业务的风险因素越发突显。企业如果仅凭借一腔孤勇走出国门，出海之旅注定风险重重。

没有明确的战略引领或盲目冒进，欲速不达；或小富即安，流于平庸；或面对复杂局面难以决断，进退失据；或对大势判断不清，遭遇风险；或内部难以达成共识，内耗丛生；或未能及时升级战略，错失发展良机。

中国企业在全球化经营过程中尤其要把握好“敬畏之心”“迭代升级”和“全局视角”这三个关键词。

敬畏之心

中国企业出海，大到战略性的出海方略，小到一颗螺丝钉的质量，都必须心存敬畏。

敬畏之心意味着尊重客户，真正意识到海外客户选择了我们，仅仅是给了我们一次证明自己的机会 。

敬畏之心意味着尊重合作伙伴，讲求诚信，维护海外合作伙伴的利益。

敬畏之心意味着做好产品和服务的每个细节，无论是产品的整体质量，还是一个零部件的质量。

敬畏之心意味着尊重市场，躬下身去，对市场规律进行深入的研究和学习。

2017 年年中，共享单车摩拜和 ofo 背靠雄厚资本加持，在国内市场如日中天。他们相继高调宣布，要在 2017 年年底进入全球 200 个城市，不少国内投资人相信这是下一个创业神话，然而共享单车出海不到两年，相继铩羽而归，给满腔热情的投资人带来重大财务损失。

其原因是海外共享单车市场的容量、监管环境、成本结构、用户出行习惯，都与国内截然不同，更加致命的是欧美大量土地属于私人财产，要像国内那样密集、便利地布置共享单车停靠点，必须与私人业主进行冗长的谈判，短期内实现项目落地并占领市场的美好愿望根本无从实现。

迭代升级

海外的环境瞬息万变，指望战略被制定之后就可以一劳永逸，无异于刻舟求剑。海外战略必须审时度势，随着环境变化适时迭代升级。

欧洲著名管理大师查尔斯·汉迪（Charles Handy）的“第二曲线”理论告诉我们：任何一条增长曲线都会滑过抛物线的顶点（增长的极限），持续增长的秘密是在第一条曲线消失之前打造一条新的 S 曲线。

领先企业善于根据外部环境变化，将战略重心不断迭代升级，穿越多个战略周期，在不同的周期内找到新的 S 增长曲线，构建发展的新动能，从而跟上时代前进的脚步。

21 世纪初，绝大部分中国工程机械企业采用的都是初级贸易模式；而后，柳工、徐工、三一重工、中联重科等企业开始重点采用海外营销模式，发力在海外市场抢占优质渠道资源，进而形成了完备的网络布局；在 2008 年金融危机来临之后，这些企业又审时度势，把握时机，中联重科率先并购了意大利混凝土机械企业 CIFA、三一重工收购了德国混凝土机械企业普茨迈斯特、徐工收购了德国混凝土机械企业施维英，彻底改写了全球混凝土设备的行业版图；柳工收购了波兰 HSW 集团旗下的工程机械事业部，不仅补齐了高端推土机的产品线，还在欧洲和俄罗斯地区建立了强有力的海外立足点；近年来这些领先企业大力加强海外重点市场的本土化经营和海外研发中心的建设，使全球影响力和竞争力向前大大推进了一步。

同行业中还有一部分企业的海外业务的起步时间、业务规模，甚至是组织结构设置都与上述领先企业相近，然而由于缺乏明确的战略引领、必要的资源投入以及适时的战略升级，一路下来，海外业务规模和全球影响力已完全不可同日而语。

全局视角

全球化代表的不仅仅是一种现象和方法，更是一种思考方式和视野，以及一套支持企业走向全球的完整战略及解决方案。

企业全球化的实践绝不应当只是占领市场、扩大份额、海外建厂等简单的扩张行为，引进先进的技术与管理方法、推动企业实现从价值链低端向高端的提升与转移，才是企业全球化的根本使命。

海外业务发展到一定阶段后，如果企业仅仅把海外业务看作国际业务部门的业务，无疑是小看了全球化经营的格局。

全球化是提升企业经营格局的重要举措，企业若能大力推进全球化发展，敢于并善于利用全球资源，企业经营格局定会豁然开朗。

在海外市场一线奋战了十年之后，我回归管理咨询界，致力于帮助更多的中国企业走向海外。

在亲历了数个战略周期的跌宕、目睹了诸多企业历经出海之旅的起伏之后，我不得不深信：海外战略绝不是空中楼阁或印刷精美的文本，而是事关企业未来的根本大计，只能以成败论英雄；企业在制定海外战略时不仅要看到激动人心的愿景和目标，还必须充分考虑实际运营中无处不在的风险和挑战；企业在制定海外战略时不仅要从大局着眼，还要从细节入手，深思熟虑如何将其落地实施。

企业未来的命运走向，就在今天的战略之中。出海的中国企业必须拷问自己这样一个问题：站在五年之后回望今天，将如何看待今天的战略选择？

第三章

大象起舞

——全球化的组织建设

成功＝正确的战略＋适合的组织能力。

——杨国安，中欧商学院教授

出海的中国企业凭借敏锐的直觉和运筹帷幄的能力，可以抓住一两次海外商机，但如果没有扎实的组织能力就难以持续获得成功。

中欧商学院的杨国安教授指出："企业若想持续获得成功，必须掌握两大关键要素——正确的战略以及适合的组织能力。"

仅仅有业务战略还不够，如果缺乏与之匹配的组织能力，企业的发展只能如昙花一般，虽然拥有开放时的灿烂，但是难以持久。

战略和组织能力这两个要素相辅相成，其中一项不达标，企业就无法获得成功。战略可能被模仿，但组织能力难以在短期内被模仿。

组织能力指的不是个人能力，也不仅仅是一个团队（业务单元）的战斗力，而是一个组织（公司整体）的DNA和竞争力。

海外业务组织设计的要素

企业在进行海外组织结构设计时需要考虑这些主要因素：发展战略与业务规模、管理复杂度。

发展战略与业务规模

海外业务的组织结构必须支持海外业务战略并与业务规模相匹配。

以制造业为例，随着海外业务的起步和发展，海外组织结构演进过程一般会经过三个阶段：国际部（国际贸易公司）、国际事业部、全球性组织。

中外企业在出海早期，通常会在母公司下设立一个国际贸易部（贸易公司）。顾名思义，这个机构的目的就是拓展海外市场、开展海外营销活动。这时，组织内部的职能设置都是和销售业务高度相关的市场开发、售后服务等。这种结构下，母公司通过国际部对海外业务进行垂直管理，母公司对海外业务的管理主要通过这个机构来实现。

海外业务规模的逐渐加大促使企业需要在海外设立分支机构，总部对海外业务管理的范围也越发扩大，需要投入的资源越来越多，由一个单一部门（国际贸易部）管理支持海外业务的组织形式已不再合适。这时，国际业务部往往会升级为国际事业部，母公司授权国际事业部对海外业务、机构和人员进行全面的管理，并在母公司层面协调各种资源对海外业务的发展提供支持和服务。

与国际业务部相比，国际事业部的职能要完备得多，后者就像一个小的海外业务总部一样，其主要业务包括营销业务、售后服务、财务管理、人力资源、海外投资、各类管理政策的制定等，成为母公司和海外机构之间的管理平台和沟通桥梁。

随着海外业务的占比进一步加大，海外经营的本地化程度进一步加深，海外业务的管理越发复杂，这时仅仅依靠海外事业部也难以支持海外业务的发展，此时母公司就需要对海外业务进行管理和提供服务，母公司的各职能部门逐渐深度介入海外业务，组织结构随之升级为全球性的组织结构。

全球工程机械霸主卡特彼勒（Caterpillar）的海外业务组织就经历了这

样的沿革。

20 世纪 50 年代卡特彼勒就开始进入海外市场，先后在拉美、欧洲、亚洲等地投资设立了海外工厂，但直到 20 世纪 90 年代，卡特彼勒采用的还是高度集权的垂直式组织模式，通过国际业务部的组织结构对海外业务进行管理。

在这种组织模式之下，卡特彼勒的各项决策权高度集中在美国总部，决策链过长，市场反应速度下降。总部缺乏市场一线感知，做出的决策极易与市场脱节。缺乏灵活有效的授权机制，价格折扣审批权掌握在总部定价部门的手中，在面对客户和大订单的时候，一线销售人员宝贵的时间不是花费在争取客户上，而是消耗在争取总部的政策支持上。

为了改变这种局面，20 世纪 90 年代初卡特彼勒进行了公司历史上最大规模的组织变革：把每个产品单元当作独立的利润和服务中心，使各业务单元能够更加专注于满足客户需求；同时把全球市场划分为北美、拉美、亚太和 EMEA（欧洲 / 中东 / 非洲）这四大区域，为的是更快速地响应区域客户的差异化需求。

21 世纪初，卡特彼勒再一次对组织结构进行变革，继续向全球性组织转型：从产品业务单元主导的组织模式转变为业务板块、职能部门和区域管理兼顾的混合矩阵式组织结构。

工程承包领域的出海领军企业之一的中国电建集团在海外发展历程中也经历了类似的组织变革。

“十三五”期间，中国电建制定了“国际业务集团化、国际经营属地化、集团业务全球化”的海外业务“三步走”发展战略，并在“三步走”的不同阶段，确定了与其业务战略相匹配的组织能力建设重点。

在“国际业务集团化”阶段，总部设立了“电建国际”这一海外业务管理平台，同时，在海外设立了六大区域总部。

在此阶段，组织能力建设的重点在于提升“电建国际”的专业化水平和统筹管理能力，在营销、履约、项目评价以及新业务孵化中发挥核心作用。

在“国际经营属地化”阶段，不断充实海外区域总部的经营能力，补充专业力量，借助本地化资源，目的是使海外区域总部最终具备深耕海外一线市场的营销和履约能力。

未来的“集团业务全球化”阶段，海外业务经营将超越“电建国际”这一具体业务部门的层面，形成全集团一盘棋的经营格局，真正形成在全球范围内统筹配置资源的全球运营型企业。

管理复杂度

企业在国内开展经营业务的时候，面对的是单一的国内市场、熟悉的客户群体，因此企业能较轻松地建立起简洁、高效的组织结构。

但是一旦走出国门，企业进入完全陌生的经营环境，面对着完全不同的法律法规、不同地区的客户的个性化需求以及商业模式，物理距离、文化差异、语言障碍、时差困扰以及潜在的风险要素又使管理的复杂性被成倍放大，因此企业必须改变组织结构。

在进行全球性的组织结构设计时，企业至少要考虑产品（业务群）、地域、客户群这三种基本要素。

如果产品种类不多，商业模式类似，但业务运营的分布区域广泛，地区间的政治、经济、文化背景和客户需求差异很大，企业建立区域型组织更能有效地满足不同地区的差异化需要。

如果经营的产品种类繁多，而且不同产品的专业性强、差异较大，企业应设立以产品为主线的产品型事业部，让每个产品事业部都拥有更多的专属资源以进行产品研发、制造和销售，进而就会形成全球范围内具有竞争力的专业化能力。

如果企业服务于不同客户群且不同客户群的需求差异极大，企业就必须面对不同客户群体并提供不同的服务组合。这种情况下，建立以客户形态为主线的客户型组织就能更好地提供客户服务。

中石油的陆如泉等石油领域专家系统地分析了埃克森美孚、英国石油公司、壳牌公司、雪弗龙、巴西石油公司等全球八大石油公司的全球化路线图和组织架构的演进过程，并发现了如下规律。

在国际化早期阶段，为了拓展业务，跨国石油公司将管理主线条设计成以地理区域为主，即以海外区域性机构为利润中心和核算单元，迅速做大当地业务规模，提升盈利能力，总部对当地的业务组合不会提出过多的要求。

到了 20 世纪 90 年代中后期，新兴经济体的崛起和全球价值链再分工迫使这些企业重新重视对业务单元的竞争力的培养。此时，大部分石油行业的跨国公司更加关注主业，将管理的重点放在业务条线上，目的在于使各业务线具备卓越全球竞争力。

企业在做业务发展和市场开拓等方面的决策时需要对当地市场进行深刻的洞察，对内部进行管理时也必须遵循当地的法律法规；这就要求业务条线越来越多地与当地团队配合，制定适合当地市场和环境的策略，业务条线和地理区域的有机结合变得越来越重要。

就这样，越发复杂的管理挑战使石油行业跨国公司对海外业务管理模式进行了较大的调整和优化：从初期更多以职能管理为核心的垂直管理模式，逐渐演变成业务条线、区域管理、职能管理相互补充、平衡且相互牵制的多维矩阵模式，或者以上几种不同组织形态交叉组合的混合模式。

业务管理、区域管理、职能管理等维度相互补充、平衡且相互牵制，能使企业通过运用标准化的流程和数据，减少人为干预、提升管理效率，使集团能够做到统筹决策和管控风险。

在今天，跨国公司往往产品线众多，或业务横跨多个领域，很少采用纯粹的职能、产品或区域性组织结构，而是更多地采用融合产品 / 业务、地区、职能等组织结构于一身的混合型组织结构。在同一家公司的组织结构里，可能在若干地区部下面设有产品 / 业务部门，也可能在产品 / 业务部门之下设有地区部，卡特彼勒、通用电气等西方跨国公司的组织结构就是典型的全球混合矩阵式组织结构。

每种组织的架构设计都有自己的特点和背景，没有十全十美的组织结构，也没有一成不变的组织结构。

企业能做的就是从自己的战略和组织能力出发，选择与战略最匹配的组织架构；同时也要意识到，一旦选择了某种组织结构，也不可避免地会受到它固有的种种盲点和缺陷的限制。

以在中国企业中非常流行的事业部模式为例，事业部的优势在于能集中资源实现某一业务领域的专业化经营，而最大的弊端就是不同事业部之间会争夺公司内部有限的资源，容易各自为政，导致企业协同失效或管理失控。

除此之外，企业的兼并收购、业绩起伏和领导层变更都可能影响组织结构的变化。以联想为例，联想在 2004 年并购了 IBM PC 业务之后，就经历了多轮的组织结构变革。

联想的全球化组织

2004 年 12 月，联想集团以总价 12.5 亿美元收购 IBM 的全球 PC 业务。面对 PC 行业的快速变化与 IBM 业务整合的需要，特别是消化巨型跨国并购所带来的巨大冲击，以及应对不期而至的2008年全球金融危机，在达成并购交易之后，联想不得不多次调整战略重心，并在5年内4度调整其组织结构。

第一阶段的组织架构

在刚刚完成并购的这一阶段内，联想首要的目标是“兑现对客户、员工和股东的承诺”，因而在组织架构上保持相对独立的运营体系，设立双业务运营中心（国际业务和中国业务），以最大限度地留住外部客户和维持内部军心的稳定，恰是这一阶段最合理的选择。

由于采用了这个架构并且由原来IBM的史蒂夫·沃德（Steve Ward）担任总裁，联想较好地留住了欧洲和美洲区的老客户，由于并购IBM巨大的品牌溢出效应，联想中国的业务也有了很大的进展。

第二阶段的组织架构

联想并购IBM的核心目标是逐步融入IBM的品牌，提升效率和创新能力，进而增强公司的整体竞争力。第一阶段的架构是出于稳定过渡的考虑，但是不利于发挥协同效应。因此，在并购完成不到一年之后，2005年10月，为了推动并购后的有效融合，联想做出了新的组织结构调整。

新的组织结构以总部职能部门为主导，总部职能部门的权力空前加大。这种架构的初衷在于“有效整合联想中国与联想国际的系统、流程和资源，把原来联想中国和联想国际的两套班子合二为一”。

这样的出发点可以理解，但是这也带来了很多微妙的影响，例如谁来担任各部门新的全球负责人以及自己的权力变大了还是变小了等人事权责的变化问题，一旦处理不当，就会造成员工心理不平衡甚至人才流失。

第三阶段的组织架构

2006 年 7 月，联想再次做出调整，推出以地区事业部为主导的组织架构。联想之所以从以职能为主导的架构调整成以地区事业部为主导的组织架构，是因为联想欲在“完成后台资源、系统、流程的整合之后，能集中力量，转向前台作战，赢得各地区市场竞争的全面胜利”，同时把一些最佳实践（如中国区的渠道管理经验）复制到全球各个地区。

第四阶段的组织架构

受全球金融危机的影响，2008 年第三季度联想亏损近 9 000 万美元，遭遇了并购后最艰难的时刻。

为了扭转困局，2009 年 3 月，联想宣布打破原有的地理区域的架构，重新整合划分，成立两个新的业务集团，即成熟市场和新兴市场这两大业务集团，分别针对成熟市场客户和新兴市场客户，目的是“使组织架构和公司战略方向以及市场特性更匹配，能更好地服务客户”。

为了把资源聚焦到核心业务上，联想还调整了产品组织，成立了两个新的产品集团：THINK 产品集团专注于“关系型业务以及高端的交易型中小型企业市场”，IDEA 产品集团专注于“新兴市场和成熟市场的主流消费者，以及交易型中小型企业商用客户”。

此后，联想又进行了多轮的组织结构调整，几乎每一两年就要进行一次。

2012 年 1 月，联想不再按照成熟和新兴市场划分架构，而是回归以地区事业部为主导的组织模式，将全球业务划分为四个大区，分别为中国区、北美区、EMEA 区（欧洲、中东、非洲）和亚太—拉美区。

2013 年，联想将架构调整为两大业务集团：Lenovo 业务集团和 Think 业务集团。

2014 年，联想将 Lenovo 及 Think 这两大品牌改为以产品划分，分别为计算机、移动、企业及云服务这四大相对独立的业务。

2015 年，联想将四大业务收缩为“三大引擎”：个人电脑业务、企业级业务和移动业务。

2016 年 3 月，联想宣布从以产品为中心的组织模式向以用户为中心转变，设立了四个业务集团：个人电脑与智能设备集团、移动业务集团、数据中心业务集团、联想创投集团。

2018 年 5 月，联想在原有四大业务集团的基础上，将原个人电脑和智能设备业务集团与移动业务集团合并成新的智能设备业务集团。

联想出海的组织变革为中国企业提供了一个难得的学习样本，但业界也不乏质疑之声。

有观察者认为，联想集团收购 IBM PC 业务之后的组织结构调整似乎过快、过于频繁。其中固然有全球 PC 市场动荡、消化吸收巨型并购的巨大冲击、华尔街以季度业绩导向带来的经营压力、新兴业务的培育等诸多现实考量，但短期内的组织结构的多次剧烈调整是否是最佳选择？业务出现波动究竟是战略的问题或是组织的问题，还是人的问题？有多少组织结构调整是因人设事？联想在短期内多次调整组织结构时是否考虑到了员工的承受能力，造成了多少关键人才流失？这些问题非常值得深思。

伴随华为全球化历程的组织结构变革及其背后的逻辑是另一个值得反复观察和探究的样本。

华为的全球化组织

浙江大学管理学院的吴晓波教授认为，华为30年余年的发展史就是一部波澜壮阔的变革史。中西杂糅的变革理念，因时因势的变革方略，渐次推进的变革节奏，领导者的勇气与谋略引领华为从混乱且充满活力的原始积累期走向如今规范与秩序井然的时期。

第一阶段：直线式组织结构（1987—1995年）

1987年，华为在初创期的时候只有6个人，基本上没有所谓的组织结构。

1992年，华为的销售规模突破亿元大关，员工人数也达到了200人左右。华为建立了研发、市场销售、制造等业务流程部门，也有了支撑流程部门，例如财务部门、行政管理部门等，这是中小型企业普遍采用的直线式组织结构。

华为在这一时期的业务战略是聚焦于单一产品的持续开发与生产，所以其组织结构也不需要太复杂，但权力却需要集中，以便能快速统一集中调配公司资源以参与市场竞争，此时采用直线职能制的组织结构与当时的战略发展需求是相匹配的。

第二阶段：二维矩阵式组织结构（1996—2003年）

1996年，华为的业务战略发生重大的变化，开始进军国际市场。这一阶段的最大特点是经营的地域范围快速扩大，由聚焦国内市场转向同时面向国内和国际市场，并且国际市场优先，必须同时兼顾产品研发和地区发展的双重需求。

这时，华为原有的集权式的直线型组织结构的优势已经变成制约其发展的劣势，其缺点日益突显。

这一阶段的组织结构调整的最大的特征是建立了事业部与地区部相结合的二维矩阵式的组织结构。

华为在1998年定稿的“基本法”第44条中，就组织结构设计提出了明确的原则：“公司的基本组织结构将是一种二维结构，按战略性事业划分的事业部和按地区划分的地区公司。”

“华为基本法”第46条提出了事业部的建立原则。事业部的划分原则是可以按产品领域建立扩张型事业部，实行集中政策，分权经营，事业部是利润中心。

“华为基本法”第47条提出了地区公司的划分原则。地区公司是按地区划分的、全资或由总公司控股的、具有法人资格的子公司。地区公司在规定的区域市场和事业领域内，充分运用公司分派的资源和尽量调动公司的公共资源寻求发展，对利润承担全部责任。

事业部和地区公司均为利润中心，承担实现获取利润的责任，是华为经济利益的主要来源。公司总部主要是职能部门，它代表公司总裁对公司公共资源进行管理，对各事业部、子公司、业务部门进行指导和监督。总部主要把控重大决策和提供服务，以帮助企业集中优势资源和精力突破市场难点。

当按照职能专业化原则划分的部门与按某一对象专业化原则划分的部门交叉运作时，在组织上就形成了矩阵式结构。

此时，华为已经由单一产品提供商向全面解决方案提供商转变，其市场需求极为多样化。为了满足客户的多样化需求，华为的事业部在很多情况下都是联合作战，共同拓展客户需求，这种联合作战的管理形式就是通过采用矩阵式组织结构实施的。

二维矩阵式组织结构极大地促进了华为战略的转变和成功实施。事业部制对产品的生产和销售实行统一管理，自主经营，独立核算，极大地调动了华为内部员工的积极性、主动性，并且使公司高层领导者摆脱了日常事务，能集中精力去考虑宏观战略，同时还锻炼和培养了事业部的经营管理人才。

华为海外地区公司的建立为其发展海外业务提供了支撑平台。作为区域经营中心，华为海外地区公司负责在地区实施业务战略，负责在区域内有效利用各类资源，最大限度地贴近本地客户，全力满足本地客户的需求，取得了丰硕成果。

华为在 2001 年遭遇了全球 IT 泡沫破裂，销售额在 2000 年到 2002 年间基本停留在 220 亿元，2002 年，更是出现了历史上唯一的一次销售下滑。但到了 2003 年，经济环境开始复苏后，得益于组织变革的激活作用，华为的销售额很快突破 300 亿元。

第三阶段：以产品为主导的矩阵型组织（2004—2012 年）

2004 年到 2012 年间，华为基本上每年仍然以超过 40% 的速度在增长。到了 2012 年，其销售额已经超过两千亿元，员工人数也从 2004 年的 3 万人，增长到了 2012 年的 13.8 万人。

这一年，在通信设备领域，华为已经超越全球所有竞争对手，包括其最大的竞争对手爱立信，成为全球通信行业的领军者，完全成了一家全球化运营的企业，海外销售占比已经超过总销售额的 70%。

华为对这个时期的组织结构又做了渐进式的调整，从原来的事业部与地区部相结合的组织结构，转变成以产品线为主导的组织结构。

不仅仅是渐进式的组织结构变革，这一时期华为更加关注流程上的优化。以 IPD、ISC、CRM 为主干的流程更加成熟，同时，辅以财务、人力资源等变革项目，全面展开公司业务流程变革，引入业界实用的最佳实践，并建设了支撑这种运作的完整 IT 框架。

可以说，华为的这次组织结构的变革与调整，为其重新分配权力以及提高组织的运营效率作出了巨大的贡献，使华为建立了一个与国际接轨的组织运作体系。同时，华为采用产品线形式能够更有效地和顾客围绕产品展开广泛的交流，并及时发现和满足客户需求，从而有力增强了华为的国际市场竞争力。

第四阶段：动态矩阵式的全球性组织（自 2013 年至今）

2012 年，华为启动新一轮战略转型，从以运营商业务为主转向“云管端”多业务模式。随着战略的转变，华为的组织结构也发生了根本性的变化，从原来的单核架构调整为多核架构。

所谓“多核”，是指多业务。原来的单核业务都是在运营商网络这一个体系下，在新的组织结构变革中分出了企业业务、终端业务和其他业务。

划分后的业务组织称为“BG”（Business Group），即“业务集团”，所有的子公司由投资管理中心管理，由其向子公司委派董事、高管。

任正非明确提出：“未来 5 ～ 10 年，公司将致力于行政改革，努力将公司从一个中央集权的公司，通过将责任与权力前移，让听得见炮声的人来呼唤炮火，从而推动机关从管控型向服务型、支持型转变。”

华为持续的组织结构动态进化的背后有两个一以贯之的清晰逻辑。

“以客户为中心”

华为反复强调客户是企业生存下去的唯一理由，在组织建设上，华为严格遵循“客户与战略决定组织”这一基本理念。

华为的全球营业收入已突破千亿美元，员工数量超过 16 万人，这使华为不可避免地出现了组织不断扩大，部门壁垒增厚的症状。

以任正非为核心的华为领导层一直在和悄然滋长的大企业病作斗争。

广为人知的“华为铁三角”就是一个以客户为中心设计组织模式的极佳案例。

2006 年，华为苏丹代表处的业务代表在分析一个失标的网络项目时发现了以下病灶。

各部门各自作战，对客户的承诺不一致；客户接口不一致，与客户接触时，每个人只关心各自的领域，难以主动把握客户的深层次需求。华为派出的七八个人分别向客户解释各自领域的问题，客户的 CTO 当场抱怨：“我们要的不是一张数通网，不是一张核心网，更不是一张 TK 网，我们要的是一张可运行的电信网！”

苏丹办事处决心打破楚河汉界，以客户为中心调整自己的组织，适配客户组织，做厚客户界面，以客户经理 / 销售（AR）、解决方案专家 / 技术（SR）、交付专家 / 服务（FR）为核心组建项目管控团队，形成面向客户的一线作战单元。

任正非高度称赞了这个组织模式：“这个三角关系，不是一个三权分立的制约关系，而是紧紧抱在一起生死与共、聚焦客户需求的共同作战单元。他们的目的只有一个——满足客户需求，成就客户理想。”

华为铁三角的精髓就是为了目标而打破功能壁垒，形成以项目为中心的团队运作模式，加快对客户需求的响应速度。

从 2014 年开始，华为将“铁三角”模式进一步升级为“项目型组织”。

轮值 CEO 郭平把这种组织比喻为“眼镜蛇”：头部可以灵活转动，一旦在觅食或者发现进攻对象（客户需求），整个身体的动作就十分敏捷，可以前后左右甚至垂直蹿起发起攻击，而发达的骨骼系统则环环相扣、能转动灵活，以确保在发起进攻时能为头部提供强大的支撑。

蛇头：项目组。组织变革以客户为中心，前端以项目形式将销售、供应链和财务打通，加大项目经理授权、项目预算管理权力和资源可获得性，并帮助项目经理提升能力，在总结试点经验的基础上进一步推动项目利益分享，加强基层作战组织在项目经营上的积极主动性。

蛇身：平台。蛇身负责为蛇头提供强大的支持。华为的平台建设从 1998 年就开始了，包括从整合研发流程变革到整合供应链变革，CRM、财经体系变革再到人力资源体系变革，华为在这一过程中积累了丰富的经验和强大的能力。

流程化组织

矩阵式组织不可避免地带来了错综复杂的管理网络，管理层级非常多，容易形成多头管理，容易带来内部运营的阻力和矛盾。

为了解决这一难题，华为致力于建设流程化组织。简单来说，就是基于流程来分配权力、资源及责任的组织。

流程化的终极目的是满足客户需求，但从本质上来讲，还包括通过确定性的、海量重复的工作进行流程固化，从而优化业务质量和工作效率，使管理人员和业务骨干把精力和智慧放到完成具有不确定性和挑战性的工作中去。

流程化组织承载的是业务，不可以彰显权力。一旦把流程当作权力使用，流程节点就变成了一个个“铁路道岔”，每个人都想扳一下。高铁之所以那么快，就是因为列车每通过一个站点，只要符合规范，就无须被审查。

经过多年的发展，华为已经成了一个高度以客户为中心的“前端拉动为主，后端支撑为辅”的作战组织。

全球敏捷型组织

美国陆军四星上将、联合特种作战司令部的指挥官斯坦利·麦克里斯特尔（Stanley McChrystal）于21世纪初指挥过两场战争。

麦克里斯特尔将军发现，美军之所以能够击败敌方的政府部队，是因为对方和他们一样，都是现代体系下的战争机器。基地组织的机构则完全不同，组织松散、没有严密的架构，但保持着高度的灵活性；对当地情况极其熟悉，如鱼得水；他们甚至不需要指挥官，三五个恐怖分子就能发动一场严重的恐怖袭击。

美军发现过去的组织作战模式几近失效。他们曾说：“我们被迫清空大脑，因为我们认为的那些作战模式已经失效。我们必须抛弃熟悉的组织结构，并且沿着几条完全不同的线索重建它们，将军队刚性的架构置换成灵活的机体，因为面对复杂危险的巨浪，这是唯一的制胜之道。”

他们还说：“我们所做的每一件事几乎都与军事传统和一般的组织实践原则相悖。许多原则在20世纪把我们变成了有效率的部队，如今这些原则却统统被我们抛弃，因为21世纪的游戏和游戏规则已经完全改变了。”

企业界何尝不是如此。在进入AI时代后，企业面临的外部环境急剧变化，决策者做出反应的时间变少，企业若仍按常态化运行，根本无法获得成功。

过去的传统组织结构，以及看似组织严密、四平八稳的跨国公司组织结构能够适应当下的环境吗？

克莱顿·克里斯坦森（Clayton M. Christensen）教授在《创新者的窘境》（*The Innovator's Dilemma*）一书中曾经提到，创新在一个已经成功的主体中是多么难以发生：大公司从一个创新点起步，当其被市场认可后，该公司就会被惯性带着走。

曾经在20世纪主宰商业组织的，让无数组织获得成功的行为模式其实是根植于工业革命的。而在全球化和移动互联网时代，获取成功的办法更多来自于应对持续变化的环境，而不是根据一堆已知的或相对稳定的变量进行选择。

在今天的商业环境下，信息技术高度发达，资本、物资、人才、知识和思想在全球范围内快速流动，使“全球化公司”和“本地化公司”这两个过去经常被分离的概念正变得越来越统一。为此，管理学界曾经创造了一个新词汇：全球本土化（Glocalization）[把全球化（Globalization）和本土化（Localization）组合在了一起]，它的含义是只有当全球化的产品或服务与当地市场需求和文化深度结合时企业才能取得成功。

企业若想开展全球化经营，面对全球差异极大的多个区域市场，在多个国家或地区开展业务，就必须学习如何做到“战略全球化，行动本土化”。

这种经营模式的进化，无论是对中国企业走向海外还是对来自外部的跨国公司进入中国市场都带来了更大的挑战。

以中国市场为例，跨国公司进入中国市场之初都是营销先行，核心的产品研发往往集中在总部，全球统一布局。由于中国市场形态与西方国家千差万别，跨国公司内部极易形成中国市场与总部之间的认知差异甚至是权利冲突。

近年来，谷歌（Google）、易贝（eBay）、优步（Uber）、领英（Linkedin）、亚马逊（Amazon）这些想要在中国市场占有一席之地的美国巨头纷纷铩羽而归。

创新工场的创始人李开复曾经在微软和谷歌工作多年，在他眼中，也许硅谷巨头“进军”中国的方式是他们在中国市场失利的根本原因，他们更多是败在了自身的策略和管理上。

在谷歌工作期间，由于中美用户的需求存在巨大差异，李开复率领的中国团队曾反复建议总部根据中国用户特征优化产品，他却不得不在谷歌总部完成冗长的审核流程的数月后才能获得调整产品的认可，在此期间，百度已经用其更加本地化的产品赢得了更多用户。

李开复曾说：“在谷歌工作的 4 年间，每研发一项新功能，我们都要和总部打一场硬仗，这导致谷歌中国效率低下、精疲力竭。许多谷歌中国的员工厌倦了和总公司的斗争，沮丧地离开了。”

在李开复的观察中，美国公司看不到中国市场的复杂性和差异性，而是把中国企业视作一排排等待征服的对手，希望把这些企业从中国市场的“生死簿”中一个个勾掉。但在经营上不愿意投入资源、缺乏耐心，管理上不给中国团队相应的授权和自由，让团队没办法和中国顶尖创业者竞争，使本地团队举步维艰。

来自中国的管理者如果加入了美国公司的中国团队，公司高层永远会把他们视作“中国当地员工”，仅限他们在中国发展。因此，中国的管理者很难得到升迁至硅谷总部的机会，最多只能达到“中国区经理”的级别。而中国新一代雄心勃勃、希望左右全球市场的年轻人想要摆脱这种限制。

反之，如果能够放下身段，积极听取本地团队的意见，在顶层设计上做出积极改变，在中国的外资企业也许会取得更佳的经营结果。

根据《哈佛商业评论》的报道，来自美国的印象笔记公司（Evernote）因时因势，在中国组织的顶层设计方面做了积极的尝试。2018 年 6 月，印象笔记对中国公司进行了独立重组，该公司成为一家由印象笔记、红杉资本和宽带资本为代表的投资人和中国管理团队三方均衡持股的合资公司。

这种创新的模式不仅给予中国团队财务、人事、产品方面的独立决策权，还将他们纳入创始团队，用激励创业者的方式给予他们最大的支持。通过运用创新的方法解决典型的外企总部与中国分公司决策冲突的模式使中国团队拥有了股权和决策权，针对变化多端、创新层出不穷的中国互联网市场有了更加敏捷的应对能力，开启了中国事业的新篇章。

•＊•＊•

作者手记

多年在海外一线的工作实践和为客户提供全球化业务咨询的过程中，我见证了众多中国企业海外业务的快速扩张，也见证了海外组织的变革与升级这一“成长的烦恼”。

中国企业的海外组织发展主要面临三个典型的难题。

组织层级过多，组织效率低下

在我近 10 年的国际业务管理实战中，管理最为得心应手的阶段是海外业务团队规模保持在 50 ～ 150 人的时候。虽然团队规模快速扩大，但是作为总经理，我能够叫得出全体员工的名字，能够抽得出时间参加每个新员工的招聘面试。

当时的组织层级不超过三级，因此组织的信息通畅，管理者可以迅速做出决策，将流程管控得得心应手。2008 年全球金融危机大爆发的时候，仅仅一周时间，我们的管理团队便识别和梳理了十大业务流程上的潜在风险点，并对每个关键业务流程都设立了两个关键控制点，有效防范了金融危机带来的经营风险。

后来随着众多海外分支机构的建立，一方面组织结构日趋严密完整，另一方面随着管理层级的增加，组织不得不面临市场信息层层过滤、层层衰减，决策链变长、人员成本大幅增加等难题。

复杂性是管理的大敌，高效、灵活、反应迅速是中国企业的看家本领之一，无论组织如何变化，简洁高效是根本性原则。中国企业应尽力避免西方跨国公司常见的大企业病，切忌“没有大公司的命，却得了大公司的病”。

组织设计未能及时升级进化

海外业务组织绝非一成不变，随着内外部环境的变化、业务规模的不断扩大，本地化经营的不断深入，适时进行组织优化升级是海外业务经营者的必修课。

就好像如果一个二十几岁的青壮年还在穿着其 12 岁时的衣服，必然难以施展。

每过一定阶段，企业对组织结构进行必要的调整（无论其规模、涉及范围如何），既是为了适应环境的变化，也是为了激发组织活力，避免内部变成“一潭死水”。

我在管理广西柳工对波兰 HSW 公司工程机械事业部并购整合的项目期间，就遇到了以下挑战：HSW 集团是一家有 75 年历史的传统企业，多年来组织固化，最为致命的是营销系统和生产制造单元都是独立的法人单位，是典型的“竖井式”组织，横向流程串联极为有限。这样的组织模式成为提升运营效率、改善业绩的巨大障碍。

整合初期，我多次大声呼吁：“现在的组织结构，就好像一个人在户外行走时身上穿着厚厚的衣服一样，在衬衫外还有毛衣、西服、大衣，还围着厚厚的围巾。暖则暖矣，但已经失去了感知外界温度变化的能力……”

因此，我们在整合团队时不得不费尽心思对HSW原有的组织结构进行大幅变革，把厚厚的组织外衣一层一层地脱下去，建立关键的流程体系，将“竖井式”组织转变为横向流程型组织。

海外业务管控模式僵化

企业如何针对快速成长中的海外业务建立行之有效的业务管控模式，进而既能充分发挥总部的资源优势和各业务板块之间的战略协同优势，又能适度分权以适应多产业发展、多区域经营的需要是一个非常现实的管理课题，也是困扰诸多出海中国企业的最大难题之一。

总部与一线是否定位明确、分工有序、授权合理、协作高效，在很大程度上决定了企业的经营效率和竞争优势。

企业若对管控模式设计不当，极易引发该管的领域没有管好，不该管的领域又管得过细的现象。把业务管“死”非常容易，把业务管“好”，做到既能有效控制风险，又能保持灵活的市场反应、收放有度，就需要管理智慧和强大的能力。

大部分中国企业还处于运用海外业务管控模式的摸索期，一个常见的现象就是总部对海外分支机构的管理“眉毛胡子一把抓”，抓不住重点，该管的没有管好，不该管的面面俱到，进而造成海外机构效率低下、士气低落。

在一家大型国有企业的国际业务咨询项目中，我们对海外业务管控模式进行了“体检”。在“体检报告”中，高达70%的海外派出人员认为“总部管控得过于严格，影响海外业务开展的效率”。耐人寻味的是，在总部层面，也有超过50%的管理人员认为“总部对海外业务的管理形同虚设，没有落到实处”。

一个日渐明显的管理趋势是：建设价值创造型总部，核心职能聚焦在战略引领、重大投资决策、人力资源规划、下属机构绩效评价、价值观与企业文化建设、业务板块间资源协调等几大关键领域，具体的业务由一线团队负责经营。

方向只能大致正确，组织必须充满活力。

能否真正以客户为中心，建立高效敏捷的运营管理模式，合理授权，激发活力，在风险控制和快速对市场做出响应之间找到恰当的平衡点，将在极大程度上决定中国企业的全球化征途到底能走多远。

第四章

海纳百川
——全球化的人力资源

没有对的人，就没有对的战略。

——杰克·韦尔奇（Jack Welch）

发展全球化事业，必须有优秀的全球化人才作为支撑。优秀的复合型海外业务经营人才无疑是当前中国企业最稀缺的宝贵资源。

罗兰贝格管理顾问公司（Roland Berger）曾与《环球企业家》杂志连续多年联合举办“最具全球竞争力的中国公司”评选活动，结果显示，在各项经营要素当中，全球化人才的重要程度遥遥领先，多年来一直占据榜首。几乎所有受访企业的领导者都认为中国企业走出去最大的困难在于人，并且为海外业务发展找到合格的经营管理者，建立高效且专业的海外经营团队是全球化发展的第一要务。

研究显示，要支撑起未来中国企业全球化业务的全面发展，需要构建四级全球型人才梯队：第一级是数百名可以领导世界500强企业的商业领袖级人物；第二级是三万名左右可以领导年收入数百亿人民币的中型全球化企业或能够胜任世界500强企业高管职务的顶尖经营管理人才；第三级是四百多万名能够胜任大中型全球化企业部门经理以上职务的中高级企业管理人才；第四级是一千三百多万名能够胜任全球化企业一线业务的基层管理人才。

一般企业与优秀的全球化企业之间的最大差距往往就在于人才上的差距。优秀的企业高度重视吸引、培养、保留国际化人才，并为其提供良好的发展空间。

一些企业的决策者能够以敏锐的视角看到全球的商机，制定出战略发展方向，但是苦于没有合适的人才，最终使战略的执行大打折扣，致使其和最初的目标大相径庭，甚至与战略初衷背道而驰。

在全球化的漫漫征途中，中外全球化企业只有源源不断地培育出优秀的国际化人才，才能够风雨无阻、基业长青。

韩国三星：人才第一

自 1938 年创立以来，“人才第一”一直是三星的核心经营理念之一。三星创始人李秉哲（Byung Chull Lee）对这一经营思想保持着长期的执念，他曾说过：“我未在任何支票或金券上盖过章，也从未亲自购买过物品。因为我觉得，寻找盖章和做生意的人才是我要做的事情。我用了一生中 80% 的时间召集人才、培养人才。”

1988 年，韩国有史以来第一次举办奥运会，三星集团也迎来了创立 50 周年的纪念日，李秉哲之子李健熙也作为接班人接手了三星集团。

李健熙不满足于韩国国内一流企业的现状，而是期望三星成为具备国际竞争力、受人尊敬的世界超一流企业。

他深信如果想创建世界超一流企业，就必须拥有具备世界最高水平的科学和技术知识的超一流人才。

一方面，李健熙要求“引进比总裁年薪更高的天才级人才”。以半导体产业为例，这是个典型的技术密集型产业，三星从英特尔、IBM、贝尔实验室等企业引进技术人才和经营人才，有时甚至会给出比最高经营者更高的年薪。

另一方面，三星必须要“展望未来、发掘和培养人才”。

三星将核心人才分为S级、A级、H级来管理，S级人才可以担任事业部负责人，并且可以立刻上任子公司社长的职位。A级人才要有在国内外有竞争力的企业或在先进企业5年以上的工作经验，并且其工作能力必须通过市场考验。H级人才是指虽然经验不足，能力也没有被验证过，但是具有强大潜力的人。

李健熙指出："所谓核心人才，就是能使企业进入世界前三或前五的人。就算社长四处寻找，也不一定能找到S级人才。仅仅是找到S级人才就要花费两三年时间，将他们纳入麾下也要花一两年的时间。就算社长三顾茅庐，为他们的家庭提供一切便利条件，他们也会犹豫……社长们应将工作重心集中在这里。这是关乎企业存亡的问题。如果没有核心人才，我们是不可能成为一流企业的。"

三星把具有国际化视野、能够正确把握海外市场、做出正确判断并采取正确行动的人才称为"海外地区专家"。

从1991年开始，三星每年选拔150名地区专家并将他们派往海外学习，地区专家都是已经任职三年的员工，并具备基本语言能力，拥有多文化思维。三星派他们到海外自由进修一年，这期间公司照常支付薪酬，并全额提供教育和生活费用。

人员确定后，三星会开展为期12周的高强度集训，主要目的是使这些人员学习国外的语言和文化。此后，这些地区专家会被派往不同的国家生活12个月，前六个月主要是旅游、交朋友、适应文化，后六个月执行三星的相关项目，而后担起开拓国外市场的重任。

地区专家制度实施初期，多数上层管理人员提出了反对意见，一方面是由于耗资巨大，培养每一名地区专家的平均费用超过了一亿韩元；另一方面，管理人员不希望有能力的员工中途离开工作岗位，但李健熙凭借坚强的意志顶住了压力，使这一项目得以顺利推进。

完成这一项目的人员大都在公司的本部或事业部、海外法人中的核心岗位上工作，他们努力将三星传统的经营模式与本地的经营模式相结合，探究如何使三星的经营模式更适合他们被派驻的地区的环境。通过使用这种方式，三星不断探寻在全世界范围内都适用的经营方案，寻找最好的管理模式。

地区专家计划共持续了 20 多年，培养了近 5 000 名地区专家，为三星的海外事业发挥了巨大作用，成为三星全球化竞争力的重要源泉。

三星同样极其重视海外专业人才的引进。

1997 年，三星设立了未来战略集团，在全球视野下选拔世界一流商学院的硕士生和博士生。未来战略集团中全都是外国人，主要提供有关海外市场的调查、海外项目的内部咨询，探究海外先进案例，后改名为“全球战略室”。大部分在全球战略室工作两年的海外员工会按照能力被安排到三星的相关部门工作三年，随后便可以通过分配成为海外法人，有很大可能会回到其祖国任职。

三星对全球人才的吸引力越来越大，目前有 55 个国家的 1 200 多名外籍员工在韩国工作。为了使外国人才更好地适应韩国环境，三星设立了 GLOBAL HELP DESK，这里的人员 24 小时待命，随时为外籍员工解决生活问题。

对于不想离开祖国的优秀人才，三星在美国、日本、印度、俄罗斯等国家设立了 27 个研究所，拥有超过 2 万名研发人才。海外研发中心既能够迅速吸收当地研发资源，也为那些希望在祖国生活的人才提供了两全其美的机会。

5Bs 打造全球化人才队伍

中欧商学院的杨国安教授在《变革的基因》一书中介绍的5Bs模型，为中国企业的国际化人才经营提供了明确的思路和可行的路径，这与谷歌、华为、小米等优秀中外企业的做法不谋而合。

5Bs即外聘人才（Buy）、发展人才（Build）、保留人才（Bind）、淘汰（Bounce）和借才（Borrow）。

外聘人才（Buy）

人员招募无疑是所有环节中的第一步，也是至关重要的一环，如果人选错了，企业就需要付出极大的代价。找到“对”的人是人才管理得以有效展开的前提条件，这也是为什么优秀中外企业都极为看重这一人才入口关。

谷歌董事长埃里克·施密特（Eric Schmidt）认为：“如果问一位管理者在工作中最重要的一件事是什么，正确答案应该是‘招聘’。”

在招聘这件事上，小米创始人雷军颇有三星的李健熙的风范。

小米创立初期，一切从零开始，甚至连产品都没有，在百端待举的创业期的最初半年里，雷军将80%的时间都用在找人上。

雷军回忆说：“当时我列了一张表，我给这张表上的每个人打电话介绍我是谁，我想干什么事情，然后问对方能不能给我15分钟的时间在电话里聊一聊，如果对方在通话过程中表现得有兴趣，我就会问对方能不能一起喝杯咖啡，吃个饭。当时我每天有12个小时都在招人。我对当时招的一个人记忆犹新。在两个月的时间里，我们跟他谈了17次，而且平均每次花10个小时进行沟通。所以不少创业者向我请教的时候，我会问对方花了多大精力、多少时间。你不要跟我谈三顾茅庐，问题是你能不能三十顾茅庐。只要有足够的诚意，这件事情就一定能成。”

对极为稀缺的海外业务领军人才，雷军更是全力以赴。前谷歌全球副总裁、安卓产品管理副总裁雨果·巴拉（Hugo Barra）是小米的第一位外籍高管。

雨果·巴拉称，他与雷军第一次见面是在2012年在北京召开的一次会议上，他与雷军进行了非常深入的讨论，由小米总裁林斌亲自负责翻译。

那时的雷军，言必称“专注、极致、口碑、快”，但他在招募雨果·巴拉到小米工作时足足花了一年多的时间。

2013年10月，雨果·巴拉正式加盟小米，负责小米国际业务拓展以及与谷歌安卓的战略合作，直到2017年，整整历时3年。

在此期间，小米给了这位海外高管极大的自主权。小米进入哪些海外国家、执行什么策略，除去必要的讨论外，完全由雨果·巴拉决定。

雨果·巴拉没有让小米失望，在他的领导下，小米大举进军印度、巴西等金砖国家和新加坡等华人聚集的国家和地区。进军印度两年之后，印度成了小米在海外最大的市场，每年为小米带来10亿美元的营收。

华为早期在吸引人才方面曾受到过沉痛的教训。2000年，华为曾一次性地从名牌大学招聘了300多名应届生，但是不到一年时间，这些人才“跑”了个精光。任正非自己也承认，他曾许多次在招聘人才时“看走了眼”，给公司造成了惨重损失。在经历了无数次的教训之后，华为找到了一套吸引人才的有效办法。

在BUY（外聘）这个环节，华为最关键的一招就是要有“桃子”。

华为喜欢招募“一贫如洗、胸怀大志”的寒门学子，这些人天生有着改变命运的强烈愿望，而华为提供了非常好的平台，给人才提供了有竞争力的薪酬、福利、奖金和股票期权，员工只要付出艰苦卓绝的努力，终可获得巨大的回报。

此外，华为的战略、组织、品牌影响力和成就事业的梦想，给人才们带来了丰富的未来想象空间，华为事业的不断发展，也给优秀人才们提供了良好而又多样的职业发展平台。

发展人才（Build）

优秀企业都高度注重人才的发展与培养，无论中外。

针对刚入职的新员工，谷歌设有 Noogler 课程，脸书设有 FB 训练营，亚马逊设有启动计划 + 训练营计划，以帮助新员工适应工作环境、快速融入团队，以及与其他同事有效协作。

管理大师拉姆·查兰（Ram Charan）在《领导梯队》（*The Leadership Pipeline*）一书中提到，一个人在职业生涯的发展过程中，即从最初的基层角色到成为公司的最高管理者的过程，会进行 6 ～ 7 次的角色转换。每次角色发生转换时，管理者需要在自我认知、能力和分配时间方面作出很大的调整，企业需要提供管理培训、导师辅导、在岗实践等管理工具帮助他们适应新的管理岗位的工作要求，助其顺利走过职业发展的“梯子”。

华为早期的干部大都是沿着“直线”形道路成长起来的，这样的干部的特点是单纯，不太明白横向业务，难以承担起全面发展、协调性强的工作任务。

2009 年起，华为借鉴美国航空母舰舰长的“之”字形培养机制，开始推动优秀的、有视野的、意志坚强的、品格好的干部走向之字形成长的道路。

华为管理者的“之字形”成长之路中大致包括基层历练、训战结合、循环轮换、理论收敛这四个阶段。

基层历练阶段

在《致新员工书》中，华为表示："公司永远不会提拔一个没有基层经验的人当高级领导。遵循循序渐进的原则，每一个环节对您的人生都有巨大的意义。"

华为主张"每个人都应该从最基层的项目开始做起，将来才会长大，如果通过'烟囱'直接走到高层领导的岗位上，最大的缺点就是不知道基础的工作，很容易脱离实际。基层员工要在很狭窄的范围内，干一行、爱一行、专一行，而不应从这个岗位跳到另一个岗位"。

训战结合阶段

有管理潜力的人才通过基层实践被选拔出来后，将进入培训与实战相结合的阶段，此时公司会提供跨部门、跨区域的岗位轮换和相应的赋能培训。

成为"班长"后的干部以人际技能开发为主，技术技能开发与概念技能开发为辅，实现管理能力的全面提升。

为此，华为大学基于"管事"和"管人"的两个角度专门开发了相关培训项目——后备干部项目管理与经营短训项目（简称"青训班"）和一线管理者培训项目（First-Line Manager Leadership Program，简称 FLMP）。

青训班项目重在开发受训者的项目管理能力，拉通项目管理的全流程，使受训者从本职岗位的单一视角扩展到项目管理全过程的整体视角；FLMP 项目对基层管理者在团队管理与激励等方面进行团队领导力赋能，使受训者实现从"士兵"到"士官"的角色转变，有效开发人际技能。

循环轮换阶段

"之"字形成长意味着岗位循环与轮换。

华为不提倡一个干部在自己的领域一直往上走，并称之为“烟囱式的发展”。达到一定级别的干部，三年之内必须进行岗位调整，例如，研发部的干部去市场部、供应链部，再到采购部，受训者只有在多个业务领域经过历练，其对业务内容和端到端流程的理解才会深刻。这种模式可以培养出更多有全局视野的管理干部。

干部的循环流动，还有一个作用就是可以避免干部板结，避免形成山头主义。

理论收敛阶段

在金字塔尖这层人的最主要的任务是抓住方向。干部若想成长为真正的“将军”，进一步成为战略领袖和思想领袖，就要使自己的视野宽广一些、思想活跃一些，要从“术”上的先进，跨越到“道”上的领路，进而在商业、技术模式上进行创新。

为帮助中高级干部实现从“术”向“道”的转变，公司规定每位高级干部都必须参与华为大学的干部高级管理研讨项目，简称“高研班”，亦堪称华为的“抗大”。

高研班的主要目标不仅是让学员理解并应用干部管理的政策、制度和管理方法工具，更重要的是组织学员研讨公司的核心战略和管理理念，传递公司的管理哲学和核心价值观；同时通过高层亲自授课和考察，识别可能进入公司关键管理岗位的优秀管理者的苗子。

真正的领军人才都在挑战中经受过打磨、在实战中经受过历练。

现任华为消费者业务CEO、华为终端公司董事长、华为公司常务董事余承东，就是经过这样的之字形发展历程成长起来的：

1993年加入华为，历任华为公司中央研究部总工程师、3G产品总监、无线产品行销副总裁、无线产品线总裁、欧洲区总裁、战略与市场体系总裁等职务；上任过研发、销售、市场、战略等多个岗位，在每个岗位都经历了难得的洗礼，战胜了巨大的困难，最终成为能独当一面的栋梁之材。

保留人才（Bind）

人才难得易失，尤其是在供不应求的国际化人才领域。

在海外业务领域，高员工周转率是一个颇为普遍的现象。在一家大型装备企业海外业务负责人的竞聘会上，平均工作年限在15年左右的10余名竞聘者的平均跳槽次数竟达到了8次以上。

因而，企业一方面要大力获取人才，建立“造血”机制，另一方面又要优化保留人才的措施，避免“失血”。

研究表明，有四个因素决定了员工是否会长期留在一家公司，即“当期的工作满意度”“未来发展空间”“离开公司的代价”和“新的薪酬待遇”，第四个因素不是企业能直接控制的，企业留才的关键主要在于前三个因素，它们可以被称为保留人才的“绳子”。

任正非曾经这样说过，公司与员工在选择权利上是对等的，员工对公司的贡献是自愿的。自由雇用制度促使每名员工都成为自强、自立、自尊的强者，从而保证公司具有持久的竞争力……企业做不到的地方员工要理解，否则你可以不选择企业，若选择了企业就要好好干，若不好好干，你随时都可以离开。

但是，这并不意味着华为没有用“绳子”来“捆绑”优秀人才的机制。华为的人才管理机制对优秀的人才明显具有“捆绑”效果。这种“捆绑”行为主要体现在三个方面。

一是通过战略、组织和品牌的影响力来促使人才从心底认同华为的文化，这是最高明的人才捆绑策略，是对精神层面的“捆绑”。

二是通过提供有竞争力的薪酬、福利、奖金和股票期权来“捆绑”人才，它给人才的暗示是，在华为工作，如果你能满足公司的要求，你就有可能获得在其他企业不能获得的金钱回报，这是物质利益的“捆绑”。

三是通过提供良好而又多样的学习与成长平台来“捆绑”人才。华为为优秀人才在公司向上升迁提供了三条清晰的通道（即管理、技术和项目），这对那些希望在职业生涯获得成功的人才来说是极具诱惑力的。

淘汰不合格的员工（Bounce）

没有新陈代谢，就不会有生命的延续。优秀的企业不仅仅在吸纳、发展、保留人才方面不遗余力，也极其注重内部人员的良性更新换代，这种机制可以被称为“筛子”。

华为实行干部目标责任制以及任期负责制，即使是高级干部也要能上能下：

坚持责任结果导向的考核制度，对达不到任职要求的，要实行降职、免职，以及辞退的处分；

在任期届满时，干部必须通过自己的述职报告以及下一届的任职申请，接受组织与群众的评议，并重新确定薪酬。

多年来华为坚持实行末位淘汰制，其目的是激活组织、鼓励先进、鞭策后进，保证 18 万名华为员工时时保持高昂的斗志和强大的战斗力。

华为的末位淘汰制基本上遵循了 GE 前 CEO 杰克·韦尔奇推崇的“活力曲线”，即把 20% 的业绩优秀的员工定义为 A 类员工，把 70% 的业绩中等的员工定义为 B 类员工，把其余 10% 的业绩较差的员工定义为 C 类员工，而C类员工必须走人。

华为坚持推行的末位淘汰制一度遭到了来自各个领域的批评和质疑。对此，任正非曾这样说道："有人问，末位淘汰制实行到什么时候为止？借用CEO杰克·韦尔奇的一句话来说就是，末位淘汰是永不停止的。企业只有淘汰不优秀的员工，才能把整个组织激活。GE活了100多年的长寿秘诀就是'活力曲线'。活力曲线其实就是一条强制性的淘汰曲线，活力曲线能够使一个大公司保持着小公司的活力。我们在这个事情上要耐着性子做下去。"

借力外部人才（Borrow）

工业时代，企业主要依靠流程化的生产方式聚集劳动力，企业的生产力和人数紧密相关，虽然企业也会聘用兼职员工、外包员工、退休员工，但人力资源模式的基本表现为"企业拥有式"。

移动互联时代，组织的外部边界被打破，"不求所有，但求所用"，企业可以拥抱创新人力资源模式，大胆借用外部人才，这种模式可以被称为"池子"。

华为在发展过程中不仅汇聚了内部18万员工的智慧，而且高度注重借用外脑，内外智慧充分流动、融合，形成了相互激发、活力无限的智慧源泉。

除了分布在全球的16个研究所和13个开放实验室之外，华为还与行业领先客户合作成立了36个联合创新中心。例如，与沃达丰合作成立的物联网开放实验室，与莱卡合作成立创新实验室，以及在光学系统、VR和AR等领域展开的联合研发。此外，华为与多所全球知名大学的科学家保持长期对话与合作。

咨询机构俗称"企业外脑"，是华为外部智慧的一大重要来源。

华为从创业初期就开始了与咨询机构的合作。20 世纪 90 年代初，华为内部有种说法，即老板就像天上的鸟，越飞越高，老板说的话让人越来越听不懂，员工需要天天思索。一个组织如果没有共同的语言、目标、是非标准，大量新人进来后公司文化就会被稀释。

1996 年以彭剑锋为首的 6 位人民大学教授（彭剑锋、黄卫伟、包政、吴春波、杨杜、孙建敏）受华为委托起草了《华为基本法》，目的就是统一思想、达成共识。

编制《华为基本法》的过程使高层管理团队达成了共识并形成了统一的意志。现在华为高层的经营管理团队（EMT）的成员都是当年制定《华为基本法》的主要参与者。

此后，华为先后聘请过 IBM、埃森哲（Accenture）、波士顿（Boston）、普华永道（PwC）、美世（Mercer）、合益（The Hay Group）、日立咨询（NYSE：HIT）等咨询公司或专家。

华为在外脑的使用上有三点经验。

第一，心胸开放。

把公司业务全部对外脑开放，这意味着华为有开阔的视野和心胸。

华为轮值 CEO 徐直军表示："在现实世界与数字世界加速融合的时代，任何一家企业都很难满足客户的所有需求。企业需要开放合作，整合优势资源和能力，共同满足客户的需求。"

第二，敢于投入。

华为历年来累计支付给各类咨询公司的咨询费高达几十亿美元，这帮助华为构建了世界级的研发、供应链、财经、人力资源、市场等方面的制度、流程体系。

第三，专业专注。

咨询服务和其他服务一样，呈现出了高度细分化和专业化的趋势，鲜有咨询机构能够做到赢家通吃。因而企业在选择咨询公司的时候要选择各领域最专业、实力最强的机构，才能获取最大价值。在这方面，华为独具慧眼，在各个领域都选择了最专业的机构进行合作。

甚至在具体咨询顾问的选择上，华为也有自己独到的见解。一般而言，顾问有两类：一类是专职顾问，他们对策略、方法、流程有较为深刻的认识；另一类是实践从业者，即有着丰富实践经验的人。

华为更喜欢对自身所从事领域有丰富实践经验的顾问人员，认为他们可以很快地把实践中的成败得失为我所用，能取得较显著的成果。

中国公司里的“洋面孔”

如今，中国企业正以海纳百川的姿态吸纳全球智慧，拥抱外籍管理人员，外籍经理人的选拔、管理、融合正日益成为中国企业出海的一个重要管理课题。

中国企业正以前所未有的速度走向世界，越来越多的外籍人士加盟中国企业。不仅仅是大型企业，越来越多的中小型企业也以开放的胸怀大胆引进外籍人才，为我所用。

乔纳斯先生生于瑞士，在英国长大，在南非工作多年，后移民美国。作为矿山、港口散料输送行业的专业人士，已经在这个领域耕耘了20余年，此前一直在西方大型跨国公司工作。2016年开始，他加入了河南省一家规模中等的民营企业，负责该企业在北美地区的业务开发和为全球项目提供技术支持，频繁穿梭于世界各地。

乔纳斯和中国的缘分自21世纪初就产生了，不过那时他代表的是西方企业。他把21世纪初到现今中国社会历经的这段时期称为“Great Cycle”。在他眼里，中国在过去20年间发生的变化只能用“戏剧性”来形容。每过6个月，中国的城市面貌都会像变魔术一样，好像一夜之间中国就从自行车王国进化到汽车王国一样。中国政府推进大型项目的决心和能力尤其让他印象深刻，他坦言：“这种发展速度在西方国家是不可想象的。”

乔纳斯加入的民营企业是他的长期合作业务伙伴。2016年，当乔纳斯供职的美国公司要他搬到距其住所1 000千米以外的地方去上班的时候，他决定加入这家规模不大但雄心勃勃的中国公司。除了不想搬家这个原因之外，中国企业日益开阔的国际视野和积极进取的精神也是吸引他的重要原因。

如今，中国企业日益增强的全球影响力，新雇主日新月异的发展变化，谦逊好学的中方团队，以及北美业务日渐走上正轨的良好前景，都令乔纳斯庆幸自己当初做出了正确的选择。

广西柳工作为最早聘用外籍经理人的中国企业之一，其管理实践经验非常值得借鉴。

从人员比例上，20年前，柳工仅有一名来自比利时的万戈文先生担任外籍质量顾问；如今，柳工上万名员工中外籍人员占比达到了近20%，在高管团队中，外籍高管占比达到了20%。

从管理职责上看，柳工在研发副总裁、战略副总裁、实验总监、海外子公司总经理、海外售后服务总经理、总部品牌部长等关键岗位上，对外籍经理人委以重任。

从人员来源看，有卡特彼勒（Carterpillar）、CNH、康明斯（Cummins）等跨国企业，也有华为等国内领先企业，还有战略咨询公司、公关公司等第三方专业机构。

从国籍上看，员工来自印度、美国、巴西、墨西哥、英国、荷兰、阿根廷、哥伦比亚、委内瑞拉、南非、土耳其、哈萨克斯坦、新加坡、加拿大等20余个国家。

这些外籍经理人为柳工带来了急需的关键技能。在研发领域，在外籍高管的主持下柳工系统导入了LPD流程，在质量改善、新产品开发等领域也取得了显著的效果。大卫·闭同葆、爱德华·瓦格纳等外籍研发专家先后获得了中国政府友谊奖。

为了改变早期中国工程装备外观拙劣的传统印象，柳工在英国设立了工业设计中心，聘请了曾在知名汽车品牌公司从事工业设计的专业人士。经过中外团队三年多的努力，柳工在改进产品性能和科技含量的同时令全系列家族产品的外观造型耳目一新，有力促进了产品的提质升级。

柳工开放、包容的企业文化和工作氛围，对外籍人才施展才华发挥了至关重要的作用。柳工集团曾光安董事长说过，在柳工总部的大楼里，如果容不下几个外国人，柳工的全球化就没有前途。

正是这样的文化将来自全球的优秀人才聚合起来，组成了遍布世界的“新柳工人”。

我在美国、欧洲、拉美地区工作期间，先后领导了来自10余个国家的上千名外籍员工，深刻认识到与单一文化背景相比，对外籍人员的管理与融合需要额外付出更大的心血。

外籍员工的招募

企业在招募和任用外籍员工时至少应考虑三个因素：业务发展阶段、岗位需要和地区考量。

企业若想掌握好对外籍人员的聘用节奏，应与业务发展和管理基础的提升相结合。如果企业的管理基础过差，与外籍经理人员熟悉的工作环境和工作文化落差过大，容易引起双方的不适应，沟通成本极高，引进来的人才也不一定留得住。

聘任外籍人士的岗位，最好是本国人才鲜有人能胜任的高端岗位，例如研发等专业性极强的领域，或者需要高度本地化的岗位和领域，在关键岗位让外籍经理人创造最大价值。

地区考量。简而言之，我国企业在东南亚、非洲、中东等地，商业模式、工作习惯、文化习俗等相对容易为本地人所接受，因此可以大胆地外派中国员工；在欧美等与中国的商业模式、文化特质迥异，对中国外派人员的工作就有诸多限制，在高质量人力资源供给充足的地区，企业可更多地任用当地员工。

坦诚的沟通文化

企业如果下决心聘请外籍员工，就要做好面对必然出现的文化差异甚至是冲突的准备，明确规定内部沟通规则，倡导坦诚的内部沟通文化。

当企业与外籍员工发生文化冲突的时候，既要保持耐心，也不要回避冲突，而应该把问题放在桌面上，开诚布公地沟通，把每一次“冲突”转化为相互深入了解的机会。

在运用沟通方式方面，企业也要考虑到文化差异：有的国家推崇直截了当的沟通方式；而有的国家则更推崇润物细无声式的沟通方式。

严谨的绩效考核体系

绩效文化是全球职业经理人都能理解和接受的一种组织文化。我曾与美国、波兰、荷兰、英国、巴西、印度、墨西哥等多国的职场人士共事，各国文化虽然差异巨大，但是对绩效文化的理解高度一致。员工在岗位上就要做出贡献、创造价值，这是全球职业经理人普遍认同的理念。

企业需要与外籍员工签订严谨的绩效合同，定期进行绩效沟通反馈。企业在绩效沟通的过程中，应对未能达标的部分明确提出管理期望和要求。企业需要注意的是，绩效合同不仅要包括考核业绩指标，也要把价值观指标纳入其中，以引导外籍员工尊重公司价值观。

2018 年 6 月，我在上海主持了一次海外人力资源管理研讨会，复星、携程、阳光能源、敏实集团等一众知名企业的人力资源高管到会，就海外人力资源管理的话题进行研讨。与会者不约而同地提出了这样一个问题：中国企业走向海外，到底需要什么类型的外籍经理人？毋庸置疑，这是一个令知名企业的管理者也颇为纠结和困惑的问题。

经过一番深度探讨之后，大家意见趋同：中国企业需要“又红又专”的外籍经理人。所谓“专”，即专业程度，即企业要看外籍经理人是否具备稀缺的专业能力。所谓“红”，即价值观的融合程度，也就是说企业既要看中国企业能否创造良好的环境接纳外籍经理人，也要看外籍经理人能否接受、拥抱中国企业的企业文化和价值观。

“有温度的人力资源政策”

中欧商学院的杨国安教授认为，一般来说，按照企业的“付出”（提供给员工的物质和非物质激励）和“收获”（即获取员工做出的贡献），企业的员工管理哲学大概可以分为如下四类。

买卖交易型：企业对员工贡献和行为的期望有限，往往只限于特定的任务或项目，企业不要求员工对企业忠诚，也不要求他们对企业付出额外的努力；反过来，员工对企业的期望也有限，他们不期望企业提供任何工作保障或和企业保持长期关系，双方之间纯粹是一种交换经济利益的关系，彼此之间没有长期的承诺。

投资不足型：企业希望员工努力工作，为企业获得成功做出巨大贡献，但付出的物质和精神回报（即工资、福利、工作保障、培训、职业发展、领导关怀和重视）却相对较少，企业希望员工多做少得。这种雇佣关系只能维持很短时间，员工感觉受到了剥削，因此不会全身心投入工作。

投资过量型：相对于员工的付出（如工资增长、工作保障以及减少工作时间等），企业对员工的期望较低。在工会力量强大的欧美大型公司或一些中国的传统国企依然存在这种关系。在这些企业中，员工觉得不管公司业绩如何，定期涨工资和工作保障是理所当然的。在竞争激烈的当今社会，这种雇佣关系已经日渐成为一种“奢侈品”。

相互投资型：企业期望员工做出巨大贡献，并将人才视为企业的竞争优势。企业希望员工不仅能更快更好地完成本职工作，而且能通过员工提议等形式为公司做出更大贡献，反过来企业也为员工付出很多，既包括经济上的回报，也包括社会、心理上的回报，例如长期职业发展规划、大量培训机会、令人愉悦的工作环境、合理的工资、福利、尊重等。

显然，相互投资型的人才经营理念对出海企业显得尤为重要。以企业和员工的双赢为目标，优秀企业都秉持相互投资型的人力资源政策，即对员工寄予厚望，相信员工是企业获得成功的关键，也会尽量满足员工的需求，给员工投资，让他们能在工作中不断成长、取得成功。

优秀企业的国际化人才呈明显的金字塔结构。位于顶端的是企业的领袖级人物，接下来是海外业务领军者；居中的是中层管理者、业务专家等；底部是基层业务人员。

无论岗位高低、资历深浅，他们都是撑起中国企业全球化事业的中坚力量。国际化人才基本都是从海外一线做起，白手起家，经年累月，像一个创业者一样，在陌生的国度开创一片新天地。

优秀的海外业务从业者身上都具有一些鲜明特征，如下所示。

能力全面：在海外开展业务的过程中从业者需要具备复合型的知识和技能。外语沟通能力是基本条件，国际业务的操作实务、必备的产品开发和技术能力、财务管理和融资能力、人力资源管理、必要的法律知识等“十八般武艺”需要样样精通，更要具备对种种未知领域的快速学习能力。

坚忍不拔：在海外开展业务的过程中有波峰有谷底，绝非只有鲜花和掌声，更多的是激流和险滩。企业在海外市场面对的竞争对手既有全球顶级企业也有极其灵活的本地企业。面对巨大的竞争压力、全时区的工作时间，没有坚忍不拔的品质的个体难以胜任这项工作。

文化多元：理解、尊重、适应不同区域、种族的文化习俗，以及能够和不同文化背景的利益相关者开展合作。既能在社交场合侃侃而谈，也能在谈判桌上为维护公司利益剑拔弩张、寸步不让。

体力超强：坐在狭窄的机舱里，每年在空中飞行十万千米是家常便饭。走下舷梯后就要克服旅途的劳顿和时差的困扰，直接来到施工现场或谈判桌前，连续多年如此，因此这份工作对身体素质是一个巨大的考验。

长期在国外奔波的员工在出国时会受到激烈的文化冲击，回国后又会遭受逆文化冲击，因此会感到茫然和有压力。

他们往往正值壮年，还处于在事业上建功立业的黄金时期，在私人生活方面负担最重的时期，让他们牵挂的有年迈的父母、日益成长的孩子、独自承担持家重任的另一半。

甚至有一些身处某些安全堪忧的国家的海外员工付出了生命。2015 年 11 月，中铁建国际集团总经理周天想等三名员工在马里恐怖袭击中不幸遇难。2018 年 2 月，中远海运驻巴基斯坦卡拉奇总经理陈嘱在恐怖袭击中失去了年轻的生命。

正是这样一个可敬可爱、牺牲巨大的群体，支撑起了中国企业的全球化大业。对于这样一个群体，中国企业需要坚定地践行“有温度的人力资源政策”。

提供合理的经济回报

从岗位技能来说，海外业务岗位需要复合型的人才；从业务拓展难度来说，在国外开疆拓土的难度高于国内同样的岗位；从个人付出来说，长期在海外工作牺牲了与家人相处的时光。以西方高度崇尚工作与生活平衡的眼光来看，中国员工动辄离家几个月甚至一年是完全不可想象的。

综合考虑各种以上种种因素，企业对在海外工作的人员给予适当的经济回报是合情合理的。一般而言，驻外人员的基本收入（不包括差旅补贴）高于国内同等岗位的 30% 左右是比较合理的。在海外差旅补贴政策的制定上，企业不仅要考虑目的国的物价指数，也要考虑当地的安全环境。

解决外派人员的后顾之忧

外派人员普遍有家庭矛盾突出的问题，企业需要主动关心、关怀驻外人员的家庭，伸出温暖的双手提供必要的支持和援助。这样的暖心之举能够使外派人员和其家属产生归属感，强化组织与外派员工之间的心理契约，激发外派人员的工作热情，进而促使其兑现承诺。

打通回国后的职业通道

建立定期轮岗、前后对调的外派管理机制，一方面能缓解外派人员的工作和家庭压力，另一方面有利于培养海外业务人才。

设计好外派人员的职业发展通道，使外派人员在海外工作一段时间以后，回到国内有持续的职业发展机会。

在内部人员的提拔上，优先考虑长期坚持在海外一线工作并取得了优秀业绩的人才。通过这样的安排，可以避免关键人才流失，也能有力加强企业的综合国际化能力。

• * • * •

作者手记

2009 年，我在柳工担任海外事业部总经理。那一年，柳工派出了第一位中国员工担任海外子公司总经理。某一天的下午，这位总经理就要出发去机场出国赴任了，我才想到要和他做一些交流。事后回忆起此事时，我仍感到愧疚和遗憾。那时的中国企业对国际化人才培养的理解的稚嫩程度，可见一斑。

10 年之后，我重回管理咨询界，专门从事全球化业务咨询和国际化人才培养工作。在为客户服务的过程中，我深深感到中国企业的全球化发展蓝图与人才储备之间仍然存在着明显鸿沟。

一些企业由于缺乏对国际业务人才需求的提前规划，导致人才极度匮乏；一些企业没能对人才予以充分有效的培养和辅导，导致人才的潜力没有得到充分的挖掘；一些企业寄希望于在短期内大量引进“空降兵”来解决问题，同时又面临“水土不服”和人员流失率奇高的问题。很多客户在第一次会面时就向我们提出能否帮其猎聘外部人才。

客户的角度无可厚非，不过我们不得不提醒客户：第一，我们不提供“猎头”服务；第二，在关注“空降兵”时，千万不要忘记对现有人才做投资，充分挖掘现有存量人才的潜力。

曾任美国国防部长的唐纳德·拉姆斯菲尔德（Donald Henry Rumsfeld）有一句名言："你要带你现有的军队，而不是你以后希望有的军队参加现在的战争。"

从外部引进人才当然重要，但不可盲目期望外部"空降兵"解决全部问题，要建立富有深度和厚度的人才团队，挖掘存量的人力资源潜力同样重要。

在全球化的人才发展方面，吉利控股集团作出了极佳的表率，李书福认为，人才创新的成败决定了吉利战略的成败。近年来，吉利在全球招募了一批行业精英。但李书福认为，全球顶尖的人才就像难得一见的"大樟树"，全世界也没有几个。更多时候，吉利在自己发掘和培养人才，这就是经典的"人才森林理论"。一方面，吉利通过引进外部高端人才，形成人才"大樟树"并提供良好的阳光雨露环境，使其扎根于吉利；另一方面，形成一棵棵人才小树苗，让大樟树带动小树苗一起成长，最终共同形成有高有低、有大有小、具有强大生命力和生态调节功能的吉利人才森林。

著名企业管理学教授沃伦·本尼斯（Warren G. Bennis）说过："工作是消费，培训是投资。不要把员工当作消费品，要把他们当成投资品。员工培训是企业风险最小、收益最大的战略性投资。"

几乎所有的世界500强企业都信奉"本尼斯定律"。把人才当作投资品，为他们提供学习和培训的机会，这也是"相互投资型"人力资源管理哲学的重要特征。

我曾深度参与中国中车、华润集团等多家大型企业全球化人才培养工作，并对一部分企业的海外业务人才培养进行持续跟踪辅导，深感为员工提供宝贵的学习机会是帮助其改善海外工作效能、提高工作自信度、降低员工流失率的良方。

视线所及，那些海外业务举步维艰、顾此失彼的企业中，原因固然多种多样，但是缺乏对员工培训的重视和必要的投资无疑是最根本的原因之一。

第五章

超级船长

——全球化的领导力

我若贪生怕死，何来让你们去英勇奋斗？

——任正非

每个全球化企业背后，都有一个睿智、强悍的领导者（或领导群体），如同每一艘破浪前行的船上，都有一位目光如炬、坚毅果敢的船长一样。

全球化的企业需要全球型的领导者，全球化的企业也造就全球型的领导者。随着欧、美、日、韩企业的全球崛起，一大批全球型领导者横空出世：通用电气的杰克·韦尔奇、宝洁的雷富礼（A. G. Lafley）、福特汽车的艾伦·穆拉利（Alan Mulally）、雷诺-日产公司的卡洛斯·戈恩、索尼的盛田昭夫（Akio Morita）、三星的李健熙、微软公司的比尔·盖茨（Bill Gates）、苹果的史蒂夫·乔布斯（Steve Jobs）等人。他们领导的企业在全球迅速发展，骄人的业绩也为世人称道；他们的经营思想超越了地理和文化的界线，在全球范围内广为流传。

始于20世纪80年代初的“超级全球化”，已历经了40年。中国企业全球化发展也有近30年的历史。早期，中国企业走向世界的姿态是模仿式的。随着全球化4.0时代的到来，越来越多的中国企业来到了世界舞台的中央，汇聚成不可忽视的中国力量。从“走出去”的态势来说，领先的中国企业正处于从亦步亦趋到发力赶超的转折期。

时势造英雄。无论是体制外还是体制内，出海大时代造就了一批来自中国的全球型企业家。

在民营领域，有深谋远虑的柳传志率领联想集团在21世纪初上演并购IBM的PC业务的惊险一跃，使联想成为真正意义上的全球化企业；有坚定执着的李书福，带领吉利汽车在全球汽车领域纵横捭阖；有智慧过人的马云，成就了“让天下没有难做的生意”的阿里巴巴；有高瞻远瞩、强者恒强的任正非，造就了中国企业发展史上前所未有的伟大传奇。

在国营领域，也诞生了一批擅长全球经营的杰出企业家。宁高宁，历任三家大型央企华润集团、中粮集团、中化集团的掌门人，在其任职期间每一家企业的全球化发展都卓有成效；宋志平，曾同时担任中国建材集团和国药集团的董事长，这两家央企的全球化发展亦可圈可点。

还有一些饱经海外市场磨炼的国有企业经理人走上了中央企业的高级领导岗位。现任中国交通建设集团的董事长刘起涛、现任中国铁道建设集团的董事长陈奋健，都曾在海外一线扎实地工作，饱经历练，如今率领企业在全球化的征途上继续大步向前。现任国务院国有资产监督管理委会员副主任任洪斌，曾任中国机械工业集团董事长，20世纪80年代末在中国工程与农业机械进出口总公司先后担任业务员、销售经理、驻孟加拉代表处总代表。在担任中国机械工业集团董事长期间，任洪斌提出了“再造海外新国机”的发展使命，使中国机械工业集团的全球化发展向前迈进了一大步。

国际政商环境正在发生剧变，海外环境更加复杂，风险要素更加多样，这无疑对中国企业家的全球化领导能力提出了更高的要求。

超级挑战

无论在国内还是国外，企业的管理者们每天都不得不面对巨大的挑战，例如如何保持业务成长、竭尽所能令客户满意、应对瞬息万变的市场竞争、招募可靠的团队成员、维护公司声誉等。这些挑战本来就非常错综复杂，而一旦加上“全球化环境”，局面就将更加复杂。

对长期在国内市场攻城拔寨的企业领导者们来说，在越洋出海的过程中，其能力不可避免地会受到更大的考验。最大的考验是自身的视野、格局，对国际化组织和人才的领导与驾驭能力，以及内部机制、运作流程是否符合全球化运作的要求等，具体包括：

- 来自许多不同国家的颠覆性技术，其中有很多甚至来自那些看起来没有任何竞争威胁的竞争者，让国内原本延续几十年的骨干产业受到了威胁；
- 全球化组织结构包括地理、产品和职能的矩阵式报告模式，员工可能需要向 5 人以上进行汇报；
- 分布式的开发项目可能包括来自不同大洲的跨文化团队；
- 矛盾性和模糊性成为常态，领导者除了要对一些其不十分了解的业务领域做出决策以外，甚至还要为无法预知的事情做好预测。

即便已在本国市场取得成功，企业一旦面向全球市场，就不得不接受更大的考验，付出更多的努力。有一位海外业务从业者说道：

> 我对有一些在国内能轻松做好的事情，在全球环境下只有一半的把握。在国内承担领导任务时，我只需要完成五件事情中的三件，就能够算得上是成功了。然而，当我处在全球领导者的位置上的时候，我必须把这五件事都做好，否则就是失败。

此外，全球型领导者必须能够很好地代表公司形象。有机构研究表明，一家全球化企业声誉的 50% 来自公司 CEO 的声誉。

全球型领导者必须认识到，他本人就是公司在全球范围内的“公共形象代言人”，必须学会在全球的员工、客户、合作伙伴、投资者、媒体、社区和各国政府这一纷繁庞杂的环境中传递公司的愿景、战略和品牌，尽全力树立公司在全球范围内的信誉，自己的每一句话、每一次举手投足都在传递信息，也会被从各种视角进行解读。

一家国际性研究机构曾经针对中国企业的全球领导力现状做了一系列的调查。结果显示：近 88% 的受访中国高管认为，由于缺少真正的跨文化知识或管理国外员工的经验，他们的全球化工作受到了阻碍；93% 的受访者认为，中国公司如果不能更加积极地培养合适的领导人，它们将无法实现全球化目标。

《财富》（*Fortune*）杂志针对 3 800 多名中国企业领导者进行了领导力调查。调查结果显示：与欧美跨国公司领导者相比，领导力是中国企业领导者最需要增强的，领导能力的强弱决定了中国企业在海外市场的发展能力的强弱。

全球领导力的内涵

哈佛商学院学者史蒂芬·柯维（Stephen R. Covey）博士指出，领导力包括：

- 探索航线（Path-finding），创造一个把公司使命与客户需求相连接的愿景；
- 整合体系（Aligning），创造一个技术完整的工作体系；
- 授能自主（Empowering），发掘人的才能，使其释放能量，鼓励其做出贡献；
- 树立榜样（Modeling），坚持正确的领导原则，提升个人的领袖感召力。

全球化领导力的研究学者欧内斯特·贡德林等人提出了全球领导行为的SCOPE五阶段模型，即发现差异（Seeing difference）、弥合差异（Closing gap）、开放系统（Opening the system）、保持平衡（Preserving balance）、构建解决方案（Establishing solutions）。

领导力大师拉姆·查兰在他的《成功领导者的八项核心能力》（*Know-How: the 8 Skills That Separate People Who Perform from Those Who Don't*）一书中定义了成功领导者的以下8项核心技能。

- 准确定位业务：能够找到客户的需求，做出能盈利的核心业务定位。
- 预测引领变革：洞察复杂世界的变化趋势，让企业处于变革的潮头。
- 管理团队合作：让合适的人通过做出恰当的行为团结合作，做出更好、更快的决策，取得更好的业务成果。
- 培养领导人才：基于领导者的行动、决策和行为进行判断，让他们与工作的标准相匹配。
- 打造核心团队：让能力强、高度自信的领导者团结合作。
- 设定正确目标：在设定目标时，充分考虑能否达成。
- 专注工作重点：明确实现目标的路线图，协调各方资源、行动和精力以达成目标。
- 建立社会联盟：预测和应对那些不能掌控，但会显著影响企业发展的社会团队带来的压力。

如果把领导力的内涵延展到全球层面，基于《财富》杂志的研究，全球企业领导者需具备以下八项特质。

1. 全球化视野。把整个世界都视为开展业务和创造绩效的舞台。

2. 全球知识。对发生的所有事情都有兴趣，乐于学习。

3. 有效地管理变革。具备激励企业变革和有效实施变革的能力。

4. 开放的领导风格。关心下属并与下属分享自己的感受，并开展合作，接受他人并赢得信任，在适当的时候授予员工自主权。

5. 理解和管理文化差异。对文化差异保持敏感，能够成功地管理有不同文化背景的人，能够在不同的文化环境中进行管理。

6. 适应不确定性。能够在新的、不确定的和未知的状态下经营和管理企业并进行有效的领导。

7. 乐观及对成功的强烈渴望。面对挫折时保持自信，并且通过关注长远目标来克服短期困难。

8. 对未来有明确的期望。强烈的目标导向，能够清晰地表达和传播一种明确的方向感和目标，激励他人，把他人的目标集中在这个方向和目标上。

对数千例个人最佳领导事迹进行研究后，领导力研究学者詹姆斯·库泽斯（James Kouzes）和巴里·波斯纳（Barry Posner）发现：优秀领导者的经历各有特点，但他们有几个共同的行为习惯，如下所示。

- 以身作则
- 共启愿景
- 挑战现状
- 使众人行
- 激励人心

这就是广为人知的“卓越领导者的五种行为习惯”。研究表明，领导者能否践行这些行为习惯极为重要，对组织的成功也将产生深远的影响。当领导者们非常频繁或几乎总是践行这五种关键行为习惯时，近 96% 的直接下属反馈自己是高度敬业的；相比之下，当领导者很少或偶尔践行这五种行为习惯的时候，只有不到5%的下属反馈自己在工作中是敬业的。

以身作则

卓越的领导者们知道，想要获得他人的尊重，就必须先成为他人的榜样。

言行一致，行胜于言。对领导者的领导力伤害最大的就是言行不一，不能说到做到。

詹姆斯·库泽斯等人曾经调查了10万名企业员工和政界人士，以了解他们作为追随者对领导者的期望。

在面向不同国家的调查中，“诚实”多年持续排名第一。在不同的文化、种族、组织功能或等级、性别、教育水平和年龄组中，也是如此。显然，人们想要追随一名诚实的领导者。

无论是在战场、会议室、办公室、工地还是生产现场，人们如果想要追随一个人的话，首先要确定的是，这个人是否值得信任，这个人是否是真诚的、有道德的、有原则的。

在欧美，当人们谈论他们尊敬的领导者身上最重要的品质的时候，他们经常会说出“正直”和“真实”这两个词。在中国，人们常用“言行一致”“兑现承诺”“说到做到”描述可信任的领导。

2007年，柳工决定在印度中部素有“印度之心”美誉的中央邦印多尔市投资建设第一家海外工厂。正如唐僧师徒西天取经的经历一样，柳工在印度也经历了“九九八十一难”。

柳工先后经历了印度工人的“罢工风波”、中印管理团队之间在经营理念上的激烈冲突进而不得不进行管理层重组，还有卢比大幅贬值、供应链本地化过程中的诸多难题。印度柳工一度出现了巨额亏损。

挑战不仅仅来自外部，也来自企业内部。在最艰难的时刻，公司高管会议室里也不乏质疑之声：为什么要在印度建工厂？原来的营销模式不是很好吗？是否应该终止项目尽快止损……

作为一家国有企业，海外投资的决策无疑要经得起企业股东、资本市场和内部管理团队的检验。但是，确保印度柳工度过艰难时刻对公司决策者来说是严峻的考验。

2010 年是印度柳工最艰难的一年。在这一年，时任柳工总裁曾光安带队三次赴印度，为印度团队打气助威。2010 年 9 月 22 日是中秋节，曾光安率队从国内飞往印多尔市。

在飞行途中，望着机舱外一路伴行的皎洁明月，百感交集的曾光安赋诗一首：

无情最是中秋月，
照得他乡如故乡。
且把祝福遥遥寄，
捎带天竺檀木香。

那天晚上，曾光安一行人和印度柳工的近 20 名中国籍员工走到了工厂的楼顶，顶着一轮明月，共同畅想印度柳工的未来。

曾光安对一线员工的坚守和努力深表感激，并且坦言当时的印度柳工面临着 2002 年进入印度市场以来最艰难的时刻。他动情地说道：“自从第一次踏上印度的土地时起，我已经记不清来了多少次了。我坚信这里是工厂机械行业的热土和宝地，我坚信印度柳工眼前的困难是暂时的，我们一定能取得最后的胜利！”

在危难时刻，没有什么比统帅以身作则来到战场更能激发一线将士的斗志和决心的了。

天台夜话的那一刻，构成了印度柳工走出谷底、涅槃重生的历程。

终于，在建厂后连续亏损5年后的2015年，印度柳工第一次实现盈利，之后经营状况得到持续改善。

在历经16年的艰苦历程后，柳工才在印度站稳脚跟，走上了发展的快车道，这无疑应归功于多年前领导者对投资印度的战略决心和面对困境勇敢担当的先行者们。

共启愿景

领导者善于展望未来，见人所未见，甚至在还没有开始做某件事之前，他们就已经能够在大脑里“看到”结果，就像设计师绘制蓝图或工程师构建模型一样。

出海之旅，风波浪涌，迷雾重重，没有明确愿景和目标的全球化之旅就像是一艘在海上肆意飘荡的船，无人知晓它最终会驶向何方。企业的领导者就是船上的掌舵人，他们必须具备极具穿透力的视野和眼光。当大海风平浪静时，前方一片坦途，只需朝着既定航向行使即可；当海面风波浪卷时，前方晦暗不明，掌舵人的预见力和判断力就变得异常关键。

近年来，国内涌现出一大批优秀的企业，2019年，进入《财富》世界500强的中国企业的数量已经超越了美国，达到129家。然而，在一片欣欣向荣的背后，中国企业海外遇险的案例并不鲜见。

华为与中兴都成立于深圳，创立时间相差不到两年。在创立早期，这两家公司的业务领域和规模旗鼓相当，并且在发展壮大的过程中有过激烈竞争。

对中国企业全球化做过深度研究的前美国加利福尼亚大学伯克利分校的吴霁虹教授认为，面对危机，中兴与华为有不同命运，其原因是多方面的，但最根本的是企业的战略决策能力。从领导力的角度来说，两者最大的差别在于在危急时刻，华为有任正非这样的主心骨和“定海针”。

另外两家值得探究的出海巨头企业是阿里巴巴和腾讯。全球化已成为互联网企业的集体选择，阿里巴巴和腾讯当然是责无旁贷的领航者。

2005 年，腾讯成立国际事业部，在业务、投资和人才等诸多层面推动全球化。“微信 + 投资”是腾讯海外布局的两个立足点。微信是腾讯出海的主力军，微信支付也离不开微信这个母体。对于微信这一超级 APP 在全球化中的作用，马化腾曾表示，腾讯的国际化成或不成，就看微信了。在海外投资方面，腾讯在 2014 年就已经投资了几十家海外公司，主要集中在游戏领域，前几年斥资 86 亿美元收购了《部落冲突》游戏的开发商 Supercell，创造了腾讯对外投资的新纪录。

阿里巴巴的全球化布局似乎更注重顶层设计，这与马云极佳的全球视野密不可分。早在创业之初，马云提出阿里的使命是“让天下没有难做的生意”，这已经暗含了阿里面向全球发展的愿景。

在全球化过程中，阿里巴巴的胃口极大——不只是简单地在海外拓展某个业务，而是希望将整个“阿里系生态”搬到海外。阿里坚信，全球化的发展一定能够实现“全球买、全球卖、全球运、全球付、全球游”。

全球买、**全球卖**。在电商领域，2010 年，阿里成立了跨境 B2C 业务——全球速卖通（AliExpress），目前全球买家数突破了 1.5 亿，覆盖 200 多个国家和地区。从 2015 年开始，“双 11 狂欢节”更名为“双 11 全球狂欢节”。梅西百货（Macy’s）等海外零售巨头纷纷进驻阿里。近期，阿里又斥巨资收购来赞达（Lazada），加强东南亚电商布局。

阿里的全球速卖通已开始尝试帮助海外企业扩展市场。目前已经有俄罗斯、西班牙和澳大利亚的卖家进驻，未来阿里还会在时机成熟时把这些海外商家带到速卖通覆盖的全球市场中，让它们也能把产品卖到全球各地。

全球运。在物流领域，菜鸟网络的目标是在 7 年内做到全中国任何地方 24 小时货必送达；10 年内做到全球购物 72 小时送货上门。菜鸟国家智能物流骨干网首批在全球布局了 6 大 eHub 节点，分别位于杭州、吉隆坡、迪拜、莫斯科、列日和香港。未来 5 年，阿里巴巴和菜鸟计划在数据技术研发方面投入 1 000 亿元人民币，共同加强智能仓库、智能配送、全球超级物流枢纽等核心领域的建设，最终实现“全球 72 小时必达”。

全球付。在金融领域，蚂蚁金服是阿里巴巴全球化的另一条支线，蚂蚁金服对印度版支付宝 Paytm 进行了投资，更早之前则与日本最大电商平台乐天（Lotte）、美国在线支付公司 Stripe、欧洲退税机构瑞士环球蓝联（Global Blue）达成合作，还投资了韩国互联网银行 K-Bank。2019 年 2 月 14 日，蚂蚁金服斥资 7 亿美元，收购了英国跨境支付公司 Worldfirst。

全球游。据报道，阿里正谋划搭建一个更高效、更便捷的全球化环境。中国人到全世界的任何地方都不再需要烦琐的手续、护照和签证。马云认为，目前中国每年有 1.3 亿人在全世界旅行。随着人工智能的飞速发展，很快人们将只需要一部手机、一本护照，就可以周游各国。加上识别技术的飞速发展，未来人们可能连护照和手机都不需要了，仅凭一张脸就能在全世界畅通无阻。

全球贸易的形式正在发生变化，从大宗大额贸易向个性化、碎片化和定制化贸易转变的趋势越来越明显。为了跟上这一变化，以阿里为代表的跨境电商正以开放、多维、立体的多边经贸合作模式拓宽企业进入国际市场的路径，让全球数十亿消费者、零售商、制造商、服务商和投资者共同参与、持续生长并“进化”成一个庞大的网络经济体。

2017 年 9 月，在阿里成立 18 周年的大会上，马云公布了阿里未来的核心目标：为全世界解决 1 亿的就业机会，服务 20 亿的消费者，为 1 000 万家中小型企业创造利润。

阿里海外布局的格局之大，似乎已经超过了一个企业的范畴，而这正是马云的与众不同之处。正如他所说：“大部分人因为看见，所以相信；领导者是因为相信，所以看见。”

在 2016 年 3 月的博鳌亚洲论坛上，马云提出了 eWTP 这个概念，它的全称是 Electronic World Trade Platform，即世界电子贸易平台。他认为，中小型企业在世界经济的发展过程中发挥了非常重要的作用，在 G20（20 国集团）中，有超过一半的 GDP 是中小型企业创造的，并且它们在创造就业和创新方面贡献卓著。但是，中小型企业也面临几个挑战：进入全球市场的挑战，机制平台和基础设施的挑战。然而，建立 eWTP 可以帮助全球的中小型企业进入全球市场。

建设 eWTP 与阿里的使命——“让天下没有难做的生意”——高度契合，阿里的全球化步伐从未停滞。

作为阿里全球化梦想的落地项目，马云不遗余力地推广 eWTP 计划，每年他至少花费 1 000 个小时在飞机上，拜访全球各地的政要和企业家。在马云看来，全球化不是一种工具，而是一种思想、远见和担当。

挑战现状

挑战是成就伟大的熔炉，没有经历过彻骨的痛，就很难获得深刻的见识。

每家企业都离“死亡”很近，就连微软这样的大企业都信奉“微软永远离破产只有 18 个月”——这是微软创始人比尔·盖茨在 21 世纪初发出的醒世危言。

科技的快速发展让新技术不断诞生、新公司不断崛起，让小人物一夕成名，让还没坐稳王座的“王者”皇冠落地……

在这种时刻，杰出的军事领袖和一流的企业家不但不会被恐惧淹没，相反他们是利用危机和恐惧的高手。英特尔（Intel）的“三驾马车”之一的安迪·格鲁夫（Andy Grove）的一生充满了恐惧，他遭到纳粹的摧残、右耳失聪、逃亡，以及英特尔公司无数次的灭顶之灾，但他把这种恐惧转化成了一种管理手段，影响了一代硅谷人。

心理学家发现，那些经历高强度的压力，却能以积极的态度面对这种压力的人，有一种与众不同的心态，它被称为“坚韧”。克服挫折和压力是全球型企业家的必修课。

华为的发展史就是一部不断遭遇危机，又不断涅槃重生的历史。2018 年之前，华为至少经历了三次大危机。

在 2001—2002 年，华为遭遇了一次真正意义上的生死关头。在创立 15 年后，华为第一次出现了业绩的负增长。对全员持股的华为来说，这简直是一场灾难，员工没想到自己投入华为的钱有可能会血本无归，导致人心惶惶。

面对突如其来的经营危机，华为内部出现了波动。有一部分员工要求退股，有一部分员工要求离职并且要求公司兑现股权，甚至还有人要求股权重组。当时华为还面临很多官司，任正非罹患抑郁症，可谓内外交困。

最终，华为能渡过难关靠的是运气。当时美国艾默生公司进入中国，以约 60 亿元人民币的价格收购了华为的通信电源业务，解决了华为的现金断流问题，将华为从濒临倒闭的窘境中解救了出来。

第二次危机发生在 2008—2009 年。当时，国家出台了新的《劳动法》，规定在公司工作满 10 年的员工，可以与公司签订无固定期限的劳动合同。

《华为基本法》开篇就提出，要把市场压力传递给每一位员工，使组织永远处于激活状态。华为人力资源的三项基本原则是：干部能上能下、员工能进能出、工资能高能低。这是华为人力资源机制的核心，是永远坚持的三条底线。然而，华为的这三项基本原则与国家新出台的《劳动法》恰恰相悖。

华为就此采取了一项措施——花一大笔钱买断了约 7 000 名员工的工龄，和他们重新签订劳动合同。外界出现了很多质疑华为的声音。

面对人心浮动，华为在内部展开奋斗者文化大讨论，以任正非为首的高管和员工进行了面对面交流，并用了一年多的时间达成共识、稳定人心。华为的“以客户为中心，以奋斗者为本，长期坚持艰苦奋斗”等理念，就是在这个时期被确定下来的。华为由此得以渡过这场人心危机。

第三次危机发生在 2013—2014 年，此次危机来源于互联网的冲击。当时，“互联网思维”得以快速发展。在互联网的冲击下，传统企业仿佛摇摇欲坠、危机四伏。

当时的任正非几乎处于被自媒体“围攻”的状态：任正非是不是老了？他还能不能适应互联网时代的发展要求？甚至连很多华为的员工都认为，华为的商业模式过时了，华为应该去做与互联网相结合的业务。华为内部再次出现人心浮动的局面。

任正非告诫员工，要冷静应对互联网的冲击。他举了个例子：华为是修铁皮管道的，而互联网的很多内容就如同水，水要依托管道才能被输送。互联网是一项技术，它本身并无法制造新的东西，而只是在改变制造新事物的效率。互联网越发达，越需要铁皮，越需要管道，而华为恰好就是做这个的。这种战略定力，让华为在互联网大潮的冲击下没有晕头转向，并且再次安然渡过危机。

2015 年，华为将伤痕累累的芭蕾舞者的脚的画面加入广告中并将广告在世人面前，同时引用了思想家、文学家罗曼·罗兰（Romain Rolland）的一句话："伟大的背后都是苦难。"《人民日报》为此发布评论说："这其中有华为引以为豪的艰苦奋斗、以苦为乐的企业文化，也折射了中国品牌在海外筚路蓝缕、努力开拓的不懈精神。"

2019 年，由于众所周知的原因，华为面临着发展历史上的第四次危机，也是最凶险的一次。华为总裁办发布了致员工的一封信。

> 公司在多年前就有所预计，并在研究开发、业务连续性等方面进行了大量投入和充分准备，能够保障在极端情况下，公司经营不受大的影响。
>
> 时间将会揭开虚伪的面具，阴霾过后阳光必然普照。请大家坚定信心，踏踏实实做好本职工作，持续奋斗。任何艰难困苦，都不能阻挡我们前进的步伐。

他以"二战"中一架被打得像筛子一样的伊尔 2 飞机来形容华为现在的处境："我们现在也是千疮百孔，我们正在一边飞一边修飞机，争取能够飞回来。"

面对前所未有的挑战，任正非指出：

> 困难从来都是更大胜利的前奏、挑战更是坚强队伍的磨刀石，我们在极端困难情况下，要英勇奋斗，我们不能像一只病猫，等待着，幻想特赦。敢战方有前途、善战才能胜利……我们的队伍既要英勇奋斗，又

要灵活机动，战争是产生名将的土壤，我们要不拘一格选人才，未来的领袖将在这场战争中诞生。

使众人行

单靠一个人的力量，伟大的梦想无法变成现实。领导者的与众不同之处还在于能够激发他人的潜能。

领导者不仅需要能制定宏大的目标和愿景，还需要有足够的能量带领团队前行，为下属持续赋能。

微软总裁萨提亚·纳德拉（Satga Nadella）说过："作为一名领导者，你经常会面对有下属走进你的办公室，向你诉苦或抱怨等情况。你无法掌控所有的东西，也不能解决所有的问题，所以，你必须学会给你身边的人赋能，成为一位有效的正能量传播者，以此来激励周围的追随者们。"

领导者要能产生能量，无论身处顺境还是逆境，要激励员工保持乐观，与员工共同承诺和成长，让每个人都能发挥出自己最大的潜力，帮助团队和组织进步。承诺源自激发，而非命令。优秀的领导者善于点燃他人的激情。

财经作家迟宇宙讲述了阿里巴巴创业初期的情景：

> 1988 年马云大学毕业之后，先是被分配到杭州电子工业学院当英文及国际贸易教师。1992 年，马云开始创业，先后数次未果，后于 1997 年冬天北上京城，组建了外经贸部下属的国富通信息技术发展有限公司。
>
> 这次又因为理念分歧，马云于 1998 年底，不得不回到杭州老家。
>
> 在决定离开北京的时候，马云把下属们召集在一起并对他们说："你们要是跟我回家二次创业，工资只有 500 元，不许打车，办公室就在我家，做什么我还不清楚，我只知道我要做一个全世界最大的商人网站。

我给你们三天时间考虑。”

大家根本没想三天，一致决定和马云一起回杭州，回到了湖畔花园风荷园16栋1单元202室。这是马云之前买的房子，当时他炒股赚了一点儿钱，就买了这套房子。

当时马云的团队共有15个人，加上之后加盟的几个人，一共有18个人，他们后来被称为阿里巴巴的“十八罗汉”。

创业初期，马云经常在湖畔花园召开员工会议。现在的阿里集团首席人力资源官彭蕾回忆说：“大部分时间都是马云在讲，他说我们要做一个中国人创办的世界上最伟大的互联网公司，我们就坐在一边，偷偷翻白眼。”

那时的阿里几乎一无所有，却能凭借创始人的清晰愿景和强大的人格魅力吸引志同道合的伙伴们义无反顾地追随。

2017年2月，任正非专程飞到尼泊尔，与当地的华为团队座谈，这篇流传甚广的讲话内容，无疑是领导力的最佳写照。

非常高兴尼泊尔代表处能取得进步，你们的一个历史项目概算亏损，从2014年的亏损2.7亿美元，到2015年亏损3 000万美元，到2016年的盈利2 140万美元。在喜马拉雅南麓一路爬坡，辛苦了。听说去年你们都涨了工资，我十分高兴。巴西代表处也在历经磨难后终于走上了成功之路。他们说，再过两到三年能把前20年的亏损全部补回来，我认为5年能做平就不错了，我就很高兴了。巴西的亏损也有我们盲目领导的责任，不能全怪员工。你们真伟大，从泥坑里爬出来的人，都是圣人。我也向全球在努力扭转亏损局面的弟兄们致敬。

这次有机会去了珠峰大本营看了看你们的站点，爬到5 200米，我真的不行了，我只能慢慢地走，不敢快，英雄不是当年。这让我我想到，你们把一根根铁塔部件背上山的艰辛。十几年前，公司在西藏墨脱开通“450”设备的一个站点时，王文征带200名民工，背着各种部件，经4天4夜翻过4座4 000 ~ 5 000米高的雪山，风餐露宿，开通了墨脱的通信，为公司在中国保留了一个“450”设备西藏试验区作出了贡献。来回是8天8夜，都是野外啊，想想都流泪了。

春节期间我去了拉美。以前都跑的是大国体会还不足，这次跑的都是小国，深刻体会拉美员工的艰难。两个相邻国，应该一脚就迈过去了，因经济落后，没有直达飞机。结果要转三次飞机，每次飞40 ~ 50分钟，到一个机场等2 ~ 3个小时，再飞1小时；再转一次飞机，从下午飞，到第二天天亮才能到，而且全是经济舱。因此，我们要理解，他们不仅跨两个大洋，隔我们两万千米。而且在陆地上，也非常不方便，有效工作时间也不足，在考核基线上，要考虑这些困难。我也经历过两次空中危险，幸亏飞行员迫降成功。

我承诺，只要我还飞得动，就会到艰苦地区来看你们，到战乱、瘟疫……地区来陪你们。我若贪生怕死，何来让你们去英勇奋斗。

我鼓励你们奋斗，我自己会践行。谢谢在叙利亚、也门奋斗的员工，至今我、徐直军、陈黎芳、彭中阳……都认为也门饭是世界上最好吃的饭。

激励人心

出海之旅漫长而艰辛，人们会感到精疲力竭，会充满挫折感，不想往前走，甚至想过放弃，卓越的领导者必须懂得真诚地关心、鼓舞、激励同行者。

根据阿里巴巴早期的外籍高管波特·埃利斯曼（Porter Erisman）的记录，2000年，阿里的欧洲事业部曾精心组织了一次针对欧洲市场的公关攻势推广阿里巴巴，进而吸引更多的进口商使用阿里的平台。此次行程包括巴塞罗那、柏林和伦敦这三座城市。

在柏林，他们借助“世界互联网大会2000”的时机，预订了可以容纳1 000个席位的大厅，马云打算在这里举办一场演讲活动，在国际舞台上推广阿里巴巴。

演讲开始的时候，现场只来了三个人，但马云还是完成了演讲。走下讲台的马云对波特说：“听众如果能多些就更好了，不过别担心，十年之后我们还要回到这个会场，那时这里一定会高朋满座。”

2015年3月15日晚，德国汉诺威消费电子、信息及通信博览会开幕，此次展会的主题为“数字经济”。中国作为本届展会的伙伴国，将向世界展示“中国智造”的最新水平。

开幕式上，马云作为全球唯一受邀企业家代表做主旨演讲。现场展示了蚂蚁金服与face++合作研发的扫脸支付技术（Smile to Pay），举办方为嘉宾从淘宝网上购买了1948年汉诺威纪念邮票。

在全球化背景下，企业领导者不仅要懂本国人，还要懂如何激励外籍经理人。

在理解全球文化方面，马云堪称“中国企业家中的佼佼者”。

根据阿里前外籍高管波特的回忆，2004年，淘宝向当时在中国市场有重要地位的电商美国易贝发起了全面挑战，并取得了重大进展。2004年年初，淘宝的商品交易总量只占全部市场份额的9%，而eBay占90%；到2004年年底，淘宝的这一指标占全部市场份额的41%，而eBay则下降到了53%。

在2005年开年的全员大会上，时任淘宝总裁登上讲台，大声对全体员工说道：“我们即将打败eBay，因为我知道外国人若要侵略中国，一定会被消灭掉！”这也许仅仅是一个并无恶意的玩笑，也许仅仅是为了打气的口号，但一个跨国公司的高管讲出这样一番话无疑是不够得体的。马云立即接过话简说："我们与 eBay 的战斗不过是一场有趣的竞争。阿里巴巴是一个国际化的公司，我们有来自美国、欧洲和其他国家的国际员工。这只是一场游戏，一项体育竞技。我们十分庆幸能拥有像 eBay 这样强大的竞争对手。这就像打篮球时，有机会与迈克尔·乔丹（Michael Jordan）过招一样。"

• ∗ • ∗ •

作者手记

在多年的全球化实战和咨询生涯中，我近距离接触和观察了上百家出海企业和企业家，因此得出如下结论：无论是国有企业还是民营企业，无论是年收入超千亿的大型企业，还是年收入只有几个亿的小型企业，任何一家成功的出海企业，必然有一个具备国际视野和进取精神的全球型企业领导者（或领导团队）。

反之亦然，如果没有一个富有全球视野和勇敢担当的企业领导者（或领导团队），一家企业的全球化事业很难长远地发展下去。

在全球化这个充满不确定性因素的环境下，优秀企业家的领导作用彰显无疑。

这是海外事业的性质所决定的：海外发展充满了机遇，更充满了未知与挑战，对领导者的要求也更高。

幸运的是，在中国，除了大家耳熟能详的任正非、马云、柳传志、张瑞敏、李书福等传奇的企业家外，在各行各业也涌现出一大批全球型企业家，他们低调、务实、果敢、进取。

在中国工程机械行业中有一批这样的企业家。柳工集团董事长曾光安、徐工集团董事长王民、三一集团董事长梁稳根、中联重科董事长詹纯新、合力集团董事长张德进、铁建重工董事长刘飞香等都是工程机械行业全球型领导者的典型代表。

在强手如林的全球工程机械行业，面对常态化的行业周期性剧烈波动，他们敢于挑战、敢于担当、敢于超越，率领麾下企业果敢出击，在全球布局，造就了令世人瞩目的中国工程机械军团。

经过20年的艰苦奋斗，如今全球工程机械领域的前20强中已经有4家中国企业，它们是徐工集团、三一重工、中联重科、广西柳工；在工业车辆领域，安徽合力和杭州杭叉企业已跻身世界10强；在盾构机领域，铁建重工和中铁装备已经快速晋级全球三甲行列。

除了大型企业造就出全球型的企业家以外，随着成千上万的中国中小型企业扬帆出海，一大批中小型企业的领导者也在不断学习和快速成长。

与大型企业相比，中小型企业的规模不大、员工数量不多、社会资源不足，但不乏敢于挑战、不断进取的出海企业家精神，这些企业的领导者同样是值得尊敬的全球型企业家。

他们谦卑、低调，以客户为尊，克服时差困扰，拖着疲惫的身躯，常年奔走在全球市场；他们不畏挫折，跌倒了就再次爬起来继续前行；他们渴望学习，学习外语、学习技术、学习管理，向领先者学习、向同行者学习、向自己犯过的错误学习；他们的视野越发开阔，步履越发从容不迫。

德国著名军事家克劳塞维茨（Clausevitz）说过："优秀的指挥员必须具备两大要素，这两大要素在和平时期无法显现，但在战争时期绝对有用。第一，即便在最黑暗的时刻也具备能够发现一丝微光的慧眼；第二，敢于跟随这一丝微光前进的勇气。"

全球政商环境正经历改革开放以来最大的变化与动荡，世界经济的大海是很快就能恢复平静还是会长期狂风暴雨，无人知晓。可以确定的是，来自中国的"超级船长们"将继续扛起历史赋予的重任，迎接新一轮的超级挑战。

第六章

跨越鸿沟

——跨文化的融合管理

文化智商：一个局外人能像同胞或同事那样自然地理解某人的模棱两可的手势。

——《哈佛商业评论》

美国学者海伦·德雷斯凯（Helen Dresky）认为，全球管理者面临两项主要任务：一是战略，二是文化，即如何处理世界各国在文化、传统和风俗上的差异。第一项任务事关重大，而第二项任务的难度并不比第一项低。

国企出海时，如果说战略与市场能力代表企业的硬实力，跨文化管理能力则代表企业的软实力，前者负责“做正确的事”，后者负责“正确地做事”。

在中国企业出海的航船上，战略与文化就像舵和帆。舵负责正确导航，帆负责行稳致远。

企业是否具备跨文化管理能力，能否深度理解不同地区、民族、宗教的文化差异，并且在多元的文化环境中开展经营活动，是检验其是否具备出海能力的一个重要方面。

跨文化沟通和管理的对象越来越复杂，不仅仅包括海外客户、分销商、供应商等商业伙伴，还包括母国政府、东道国政府、所在社区、工会、非政府组织等社会组织，当然还有必不可少的外籍员工。

无处不在的跨文化挑战

从外派员工能否适应海外工作环境到跨文化沟通中的意会言传；从国际商务谈判桌上的进退攻防到一场跨国危机能否化险为夷；从新产品、新业务上市成功与否到合资、合作、跨国并购能否顺利推进，文化差异的挑战无处不在。

漠视文化差异的代价可能极其昂贵。

适应海外工作环境

20 世纪 90 年代两位美国学者的一项关于跨文化的研究表明，高达 40% 的美国驻外员工因为业绩表现不佳，或者因为不适应当地环境而提前放弃了他们的任务，大约有一半的人勉强留了下来，当时仅外派员工失败这一项就导致美国公司每年至少损失 20 亿美元。

无法适应海外文化环境的情形不仅发生在基层员工身上，身经百战的高管人员也不能避免。2011 年，来自英国的明星经理人迈克尔·伍德福德（Michael Woodford）被日本奥林巴斯公司（Olympus）聘任为 CEO 之后的 6 个月即被解雇，奥林巴斯方面给出的理由是“伍德福德没有遵守日本的文化惯例”，他们认为伍德福德的西方管理风格与日本企业含蓄的领导风格发生了极大冲突。

关于时间的认知

在美国的商业环境中，时间是一种宝贵的资源，日程表需要被精心安排、精确管理。

按照美国的商业习惯，在与商业伙伴的沟通中，也许仅需要 5 分钟与任务无关的寒暄，然而，在拉各斯、里约热内卢以及沙特吉达，可能要花费5个小时，甚至是更多时间。

美国人倾向于将截止日期看作一种承诺，如果某人不能准时参加会议，美国人会感觉受到了侮辱。当会议离题时，美国人也会变得没有耐心。

沟通习惯

美国管理者在职业生涯初期就学会了如何记录关键信息和总结会议，“预告信息、传达信息、确认信息”是美国职场中的第一堂沟通课的内容，在欧洲国家也是如此。然而，这种良好的沟通习惯在非洲可能成为谈判的绊脚石。

一位由荷兰公司派驻非洲的经理说道：“在当地，如果我们通过电话达成了口头协议，就已经足够了。如果你在进行电话沟通之后写邮件总结之前讨论的内容，那么就代表你不信任对方。”

跨国谈判

在跨国谈判中，对信息的误读可能会导致浪费时间或让谈判陷入困境。

一位丹麦公司的高管希望确定印度尼西亚的供应商能否在约定时间内供货，因此在会议中这位高管直接询问对方预定日期有没有问题。印度尼西亚的供应商没有当面回答这个问题，但几天后却写信告知丹麦客户无法完成。丹麦公司的高管非常愤怒地说：“我们为此浪费了几天的时间，他们为什么不在会议上直接告诉我们？”而印度尼西亚的供应商认为，他们无法拒绝自己所尊重或喜爱之人的要求。他们试着用身体和声调来说“不”，而他们想表达的意思是：我们想满足你们的要求，但我们无能为力。

合资、合作与海外并购

20 世纪 90 年代中期，刚刚进入职场的我经历了来自当时欧洲最大的啤酒集团英国巴斯啤酒公司（Bass Brewery）与一家中国啤酒酿造企业的合资过程。

英方技术人员在考察了中方伙伴的所在地的自然条件之后，赞叹“这里是酿酒师的天堂”。然而，良好的条件和美好的合作愿望无法跨越巨大的文化鸿沟，英伦三岛的优越感与中国乡镇企业的黑土地文化格格不入，这家当时全国最大的中英合资企业陷入长达 5 年的文化冲突中，双方优秀的酿酒师酿出了一杯难以下咽的苦酒，最后不得不黯然“分手”。

海外并购同样如此。1998 年，德国戴姆勒 - 奔驰汽车公司（Daimler Benz）跨越大西洋兼并了底特律汽车三巨头之一——顽强而又富有民族激情的克莱斯勒公司（Chrysler Corporation）。有人认为戴姆勒 - 克莱斯勒公司的诞生是大规模国际交易的里程碑，也是跨文化合并最艰巨的试验。果然，就在外界对这起世纪并购津津乐道、充满了无限憧憬之际，平静的海面下方早已暗流涌动。

德国高层管理者可能会用长达 50 页的报告讨论和制定决策，美国同事则更倾向于直接交流；德国员工将研究结果交给上级，管理者通常会认真考虑提议，美国管理者在接受报告后直接将其存档，这让德国员工难以接受；德国企业非常注重利益相关者，而美国特别重视股权拥有者。这种文化差异造成了双方在经营理念、思维方式上的明显差异：重视股东利益的美方代表喜欢尽快推出廉价而实用的产品，重视利益相关方的德方代表却对质量极为重视，常常推迟推出新产品的时间。

9 年后，这场“世纪联姻”走到了尽头，曾经被誉为“天作之合”，最终却以失败收场，资本再强大，也无法弥补文化的裂痕。

危机处理

2009 年，丰田汽车在美国发生了“踏板门”事件。2010 年 3 月，丰田公司创始人丰田喜一郎（Kiichiro Toyoda）的孙子，时任丰田汽车总裁丰田章男（Akiyo Toyoda）赴美国华盛顿参加国会听证会，在会上宣读了一份声明：“我本人以及丰田公司都并非完美……我们从未逃避问题，或者假装没有注意到。我对丰田汽车驾驶人的遭遇深感抱歉。我的名字在每一辆丰田汽车上，我向你们承诺，丰田将会尽全力重新赢得客户的信任。”

美国的政界、媒体和公众对这一声明并不满意，有人认为美方是出于对美国底特律本土汽车制造商的保护，并借此打击丰田汽车。也有学者用文化差异的视角解读这一现象：“在日本文化中，承认问题并道歉已经足够，而在美国文化中需要澄清事实并采取具体的行动。”丰田章男公开道歉并承担个人责任，在日本媒体看来已经足够了，但美国媒体和公众并不这样认为。

新业务开发

2007 年 5 月 30 日，谷歌正式推出谷歌街景，这是谷歌地图的一项特色服务，由专用街景车进行拍摄，然后把 360 度实景拍摄的照片放在谷歌地图里供用户使用。这项业务最开始在美国运行，用户首先能够浏览美国旧金山、拉斯维加斯、纽约等城市的街景，谷歌的最终目标是拓展到欧洲、亚洲等地，为用户提供全世界的街头景观。

谷歌认为，随着全球化和人员流动的加剧，人们希望尽快对一个陌生的地方熟悉起来的意愿为这项新技术提供了广阔的前景。

2011 年 3 月日本发生了 9.0 级地震，之后引发了毁灭性的海啸，谷歌用 9 台照相机制作了灾区 360 度全景数字视图，并且在地震 2 小时之内开通了在线个人搜寻服务，以帮助人们寻找自己的家人和朋友，很快个人搜寻网站收集了 616 300 条信息，提升了谷歌品牌在日本的地位。

然而，在欧洲，谷歌街景陷入了隐私文化的极大争议中。众多欧洲市民称这种行为严重侵犯了他们的隐私权，不少欧洲人谴责这种行为是“完完全全的侵犯隐私行为”。在瑞士、德国、英国，谷歌受到了来自当地对数据保护的强大压力。欧盟的反垄断委员会对谷歌发出了最后通牒：要么改变搜索服务，要么承担法律后果。

谷歌终于认识到：在欧洲，个人隐私被视为一种权益来保护，就像美国保护消费者权益一样。

美国工厂

2016 年 10 月，来自中国的福耀汽车玻璃集团决定投资重建位于美国“铁锈地带”的俄亥俄州代顿市郊，也就是通用汽车在 2008 年金融危机爆发后关闭的巨大工厂。

2019 年，由美国前总统奥巴马参与投资、制作，奈飞公司（Netflix）发行的纪录片《美国工厂》（*American Factory*）被公开发行。该纪录片将在此过程中发生的东西方文化冲突、劳资冲突、人工与自动化的冲突等场景细腻而生动地展现了出来。

正如本片制片人所言：“中国人没有被丑化，美国人也没有被美化，展现的是必然但无可奈何的冲突。”

代顿是莱特兄弟的故乡，曾是风光无限的汽车工业城市，出产的雪佛兰 S-10 型号汽车是当地的骄傲。

然而，2008 年的金融危机让通用汽车遭受重创，导致代顿市的汽车工厂倒闭，留下两千多个失业家庭。7 年后，来自中国福耀玻璃集团的投资让当地数千名工人重新获得了工作，给衰败的城市重新带来了生机。

当地人对福耀集团的到来感到无比振奋。当地为了促进就业，也承诺给福耀提供补贴和减税福利。

随着美国的工厂开始建设，两国的员工也成了朋友。这个中国企业“走出去”、美国资本“引进来”的故事在一片希冀中展开。

为了让美国公司的管理层能够学习中国工厂的高效率，福耀集团组织美国工厂的管理层到福建省福清市的福耀玻璃的大本营参观学习。在每天生产7 000片玻璃的高效流水线上，看着中国工人毫不停歇，美方的主管忍不住拿出了手机录下视频，并且说道：“我希望有一天我们也能这么厉害”。

经历了短暂的“蜜月期”之后，美方员工与中国的管理者之间就工作时间、薪酬、安全操作规程、员工是否加入工会等一系列问题发生了持续的碰撞与冲突。

中国文化强调“勤劳”“集体”“效率”，美国文化强调“自由”“创造”“权利”。东西方文化的巨大鸿沟，贯穿了福耀玻璃代顿工厂从建立到运营的全过程。经过福耀玻璃集团的管理层和员工3年的艰苦努力，福耀玻璃代顿工厂终于实现了盈利，但文化鸿沟不会凭空消失，而是会继续伴随着福耀玻璃北美的发展和成长。

我曾与美国、波兰、英国、巴西、墨西哥、阿根廷、哥伦比亚、印度等多个国家的员工共事，总结了跨文化沟通管理的6个关键词，简称“6R法则”。

尊重（Respect）

尊重是跨文化沟通的前提和基石。走出国门的中国企业需要发自内心地理解和尊重当地的文化。中国传统文化中特有的谦逊与包容理应成为中国企业走向全球舞台最具辨识度的特点之一，并值得所有中国企业发扬光大。

认同（Recognition）

中国企业走出国门时必须认识到这样一个事实：不管我们喜不喜欢，文化差异就在那里。在海外，我们曾经习惯使用的做事方式不一定能继续奏效，曾经帮助我们取得成功的方法不一定会继续让我们获得成功。理解不同文化下的思维和工作方式不尽相同，避免文化本位主义和建立文化敏感度是建立跨文化管理能力的关键一步。

领导责任（Responsibility of Leaders）

领导者应该在跨文化沟通方面首先做出表率。如果一家企业的最高领导人缺乏跨文化沟通能力和管理能力，企业的全球化之路就很难走远。企业领导人不仅要做理解文化差异的表率，还有责任提供必要的资源以帮助员工了解文化差异，跨越文化的障碍，提供跨文化沟通的辅导和支持。

针对外派员工开展跨文化沟通和培训是企业走出去时必不可少的“家庭作业”。一般而言，中国企业对外派员工的商务技能更加重视，而往往会忽视其跨文化沟通能力。早期被外派的员工大多会仓促上阵，初到海外容易遭遇剧烈的文化冲击，进而受到打击，影响企业的经营绩效。

接受跨文化培训的群体应不仅包括来自中国的外派员工，还应包括外籍经理人和外籍员工。一般而言，外籍员工对中国文化和企业文化有一个6～12个月的文化适应期，如果不能在此期间快速融入中国企业的文化氛围中，就会导致绩效低下，甚至造成极高的早期流失率。

结果导向（Result Orientation）

结果导向的绩效文化是一种在全世界商业社会范围内极少得到一致认同的文化。建立清晰的绩效考核和绩效沟通机制，有助于在多元文化背景的组织内部形成良性的压力感，达成企业的经营目标。

恰当的方式（Right Way）

在沟通方式上，企业应既注重正式的沟通方式，也要创造一种能让有不同文化背景的员工进行思想交流时畅通无阻的机制和氛围。

富有仪式感的正式沟通方式非常有必要，而非正式的沟通方式更加润物细无声，更容易让有不同文化背景的员工打开心扉。

韧度（Resilience）

全球化管理能力不可能一夜之间形成。无论是企业还是个人，经历文化冲突甚至挫折都在所难免，不要因为遭遇一时的挫折而重回封闭的老路上。从长远来看，这些经历和磨难都是宝贵的财富，是中国企业走向涅槃时所必经的过程。

全球舞台上的企业文化

有调查显示，超过 60% 的中国企业认为，海外经营未能达到预期目标的主要原因是文化上的困境。

跨国公司在对外经营中面对的是与母国截然不同的异域文化，以及由这种文化差异所决定的经营环境。经营跨国公司涉及不同国家的文化、风俗和不同的思维方式，这给企业的海外运营带来了极大的挑战。

优秀的企业不仅能够在文化鸿沟之上架设桥梁，还有能力塑造全球型的企业文化。

所有开展全球化运营的企业都希望建立一套能够覆盖全球的管理体系和流程，然而，一套放之四海而皆准的管理制度是不存在的。即使真有这样面面俱到的流程，人的主观能动性也会受到极大的限制，企业将变成一具没有灵魂的“躯壳”。

企业要想解决这个管理难题，只能靠打造良好的企业文化。好的企业文化不仅能够吸引来自世界各地的优秀员工，让志同道合的人走到一起，而且能够为员工赋能，促使他们为了追寻适合自己的文化，愿意拥护、共创和自己的价值观、使命感吻合的企业文化。

与商务、技术类等经营问题相比，文化问题看不见、摸不着，但却无处不在。中国企业在走向海外的初期一般强调“入乡随俗”，而全球化行到深处，“入乡随俗”的思维方式就显然远远不够。新型全球化企业需要建立自己的核心价值和企业文化，否则企业如何能让来自五湖四海的员工融为一体呢？

企业文化就是从价值观和信念的角度描述企业目标，通过共识和集体规则引导员工的行为。纵观西方企业发展史，每一个有上百年历史的企业都有深入人心的企业文化和价值观。

麦肯锡公司的创始人之一马文·鲍尔（Marvin Bower）把企业中非正式的文化因素称为“我们做事的方式”。

杰克·韦尔奇曾经说过：“如果一家公司的价值观仅仅被印在纸上、挂在墙上，它都不如那张纸值钱。”

前 IBM 董事长路易斯·郭士纳（Louis Gerstenr）认为：“公司的价值观

非常重要，但很多公司的价值观只是口号。如果你看了 10 家公司的年度报告，你会发现，它们的价值观都是一样的。但当进入这些公司时，你会发现这些价值观并没有被转化成行为习惯。一家公司可能说团队合作是至关重要的，但个人绩效却决定着一个人的报酬，或者说服务质量是至关重要的，但有关服务质量的考核每年只有一次。如果公司的行为习惯和流程不能驱动价值观的践行，那人们就不会去执行。问题是，你是否创造了一种行为和文化来真正地展示那些价值观，以及是否建立了以一个对那些践行价值观的人的奖励机制？”

美国康明斯（Cummins）成立于 1919 年，它是全球最大的独立发动机制造商。由于工作需要，我在全球多个地区、多种场合与康明斯多个岗位的员工有过交流与合作。来自不同国度、拥有不同文化背景、身居不同岗位和层级的康明斯员工，基本无一例外地遵从高度一致的行为规范和对用户极其负责的工作态度。

对一个拥有数万名员工、业务遍及全球近 200 个国家的跨国公司来说，在全球范围内贯彻和践行同一种企业文化是一个极大的挑战。然而，康明斯在企业文化领域取得的成就，不亚于他们在商业领域取得的成就。这家企业在迎来百岁诞辰的时候仍然拥有极强的生机和活力。

跨国经营范围越大，企业面临的文化挑战就越大。跨国公司及上下游产业链就像一个多元的小社会，使用不同语言，拥有不同文化背景的供应商、合作商、员工的各种思维方式、文化差异不断发生碰撞。

全球化竞争绝非只在企业之间存在，而是存在于企业所处的商业生态系统之中。好的企业文化不仅能使些企业追求独善其身，还能使企业致力于塑造一个良好的全球商业生态系统。

广西柳工在迈向全球的征途中，一直在不断践行“以客户为导向，品质成就未来，以人为本，合作创造价值”的核心价值观。

这样的核心价值观将来自世界各地的供应链成员凝聚在一起，构成了强大、高效、相互信任的供应链，而供应链的强度和韧度在当今世界的剧烈变化下显得如此难能可贵。

2009 年，肇始于美国的金融海啸迅速蔓延到全球，广西柳工的大批海外代理商合作伙伴陷于危险境地，一些海外代理商伙伴拖欠了货款。当时柳工有两种选择：一是报损出险，因为企业为所有的海外交易买了出口信用保险，如果企业报损出险，就能把损失降到最低；二是与中国信用保险公司沟通，为代理商延长付款时间，同时积极帮助代理商开拓市场，消化库存，一起渡过难关。

最终，在中国信用保险公司的大力支持下，柳工做出了第二种选择，坚定地与海外业务伙伴站在一起。在当时的情况下，即使柳工做出第一种选择也无可厚非，毕竟没人知道这场危机到底什么时候结束。但是，柳工的核心价值观之一就是“合作创造价值”，当复杂、纠结的局面让人无法做出判断和抉择时，遵循企业的核心价值观行事往往就是最好的选择。正是这样的选择没有让任何一家柳工海外代理商在金融危机期间陷入破产的境地，并且因此大大巩固了彼此间忠诚和稳固的长期伙伴关系。

吉利的全球型企业文化

中国企业走向海外，积极拥抱外部世界能够让企业的经营格局、文化和价值观发生很大的变化。吉利就是一个很好的案例。

吉利控股已经在上海、哥德堡、巴塞罗那和加利福尼亚设有四个设计中心；在杭州、宁波、瑞典哥德堡、英国考文垂和德国法兰克福设立了五个研发中心。研发人员超过 20 000 人，其中外籍研发人员来自全球 30 多个国家。如何才能让这些“最强大脑”齐心协力地一起工作？

吉利的解决之道是建设全球型企业文化，以文化塑造行为，其愿景是：推动全球型企业文化的形成和发展，使全球型企业文化深入人心。吉利希望能够建立一个超越国界、超越民族、超越宗教信仰的全球化企业文化，面对具有全球不同文化背景的消费群体和组织结构，建立尊重、适应、包容和融合的交往原则。

这种文化是开放的，它既允许局部矛盾存在，也提倡共同的价值追求，积极承担企业的社会责任，勇于挑战科技高峰。这种企业文化有利于企业探索更可持续发展的商业模式，充分体现依法、公平、透明、相互尊重的企业理念。

吉利一以贯之地推行“奋斗者文化、问题文化、对标文化、合规文化”。

问题文化

发现问题是好事。存在问题说明成果与标准存在偏差，与标杆存在差距。擅于发现问题并有效反馈问题是吉利员工的重要能力。

解决问题是大事。管理的过程就是不断解决问题的过程，企业要勇于面对问题，找到系统地解决问题的路径和方法，并加以总结和提炼，进而形成管理体系，消除促使问题产生的土壤和条件，预防类似的问题再次发生。

回避问题是愚蠢的，没有问题是不利的，关键是企业对待问题和错误的态度和方法。回避、隐瞒甚至掩盖问题的做法都是不负责任的表现。

问题文化的核心是：没有问题是最大的问题，解决问题是根本的问题。管理者的职责之一是解决问题。

对标文化

对标管理是指企业以行业内或行业外的一流企业作为标杆，从各个方面将自身与标杆企业进行比较，通过学习他人的先进经验来改进自身的不足，从而赶超标杆企业。

吉利集团提出对标管理、品质经营，就是瞄准一个比自己的绩效更好、机制更好的组织，树立标杆，找到差距，不断超越自己，超越标杆，追求卓越。

合规文化

吉利强调合规人人有责，合规创造价值，合规从领导做起，全员主动合规，树立廉洁自律、诚实守信、勤勉尽责、高效透明的基本行为准则。

吉利严格遵守经营所在地的法律法规、行业标准、企业内部规章制度和道德规范，反对任何形式的商业腐败和舞弊行为。

奋斗者文化

吉利要以用户为中心，以结果为导向，持续创造价值。

吉利的奋斗者要坚持用户至上的原则，以用户为中心，时刻将用户的需求贯穿到研发、生产、销售的全过程，努力发现用户的需求并满足用户的需求，迅速做出反应，提供超出用户预期的产品和服务。

吉利的奋斗者要充满激情，对吉利的发展富有责任感和使命感，还要具备将压力和挑战转化为动力的能力。

吉利的奋斗者要敢于自我挑战，不断迎接挑战，愿意到最艰苦的地方去，愿意攻克最艰难的项目，愿意开拓最艰难的市场，具备将不可能变为可能的创业精神。

• ＊ • ＊ •

作者手记

在海外工作期间，我曾长期负责管理美洲地区的业务。有一次，我们与一家总部位于欧洲的跨国金融机构在美国、巴西、墨西哥开展了业务合作，为海外客户提供融资租赁服务。

在合作初期，我们的管理团队访问了该机构位于美国费城的美洲总部，受到该公司高层的热情接待。该公司在美洲的总部大厅里矗立着一块巨大的石碑，上面镌刻着公司的价值观：客户导向、诚信第一……

然而，在双方开始合作后，我们发现这家金融机构的业务流程异常烦琐，该公司多次将我们的客户需求拒之门外，不仅不以客户为导向，甚至处处想从客户那攫取利润，其业务人员的行事方式与大厅石碑上镌刻的价值观背道而驰。

最重要的是，他们在美国、巴西、墨西哥的分支机构的做事方式截然不同，毫无一致性可言。

在经历短暂的合作后，尽管我们处于刚进入市场的时期，急需当地金融机构的支持，但我们还是下决心终止了与他们的合作。因为我们深信，一家言行不一的公司注定走不远。

果不其然，后来，这家金融机构的业务发展持续萎靡。在他们颇为自豪的中国市场，他们也不得不解散团队，黯然退出。

在全球舞台上，企业文化虽看不见、摸不着，却能够决定企业的生死。

第七章

创新无界

——全球化的创新策略

当世界变得平坦时，可能发生的事情就一定会发生。问题的关键在于是你推动了创新还是别人。

——托马斯·弗里德曼（Thomas L.Friedman）

提起中国企业全球化，人们往往首先会想到像中石油、中国交建、中国中车、华为、联想、吉利、阿里巴巴、美的这样的大企业，而大量的中小型企业，尤其是体量、规模、资源都有限的中小型民营企业在走出去的大潮中扮演着什么角色?

改革开放 40 年来，中国的民营经济已经占据了重要的地位并发挥了重要的作用，通俗的说法是“56789”，即“贡献了中国经济 50% 的税收、60% 的 GDP、70% 的技术创新成果、80% 的城镇劳动就业，还有 90% 的企业数量”。

在“一带一路”效应持续释放的积极推动下，万千中小型企业也已成为出海的主力军。在民营经济发达的长三角、珠三角和胶东半岛等地区，民企出海已经汇成汹涌的大潮，势不可挡。

民企出海的方式和路径越来越多元化，走出去的模式也不断升级，从初级的出口、代工模式逐步升级到独创品牌、自主研发，从简单的贸易模式，升级为市场、技术、人才、品牌、资本等各种经营要素的全面融合的贸易模式。

我们把目光投向德国。德国是全球化的大赢家，在德国，对外贸易一直起着“发动机”的作用，在全世界，德国制造都是高品质的象征。

德国制造在全球市场的成功得益于宝马、梅赛德斯 - 奔驰、奥迪、西门子、博世等如雷贯耳的世界顶级品牌和全球巨擘公司，还有在各个细分市场占据领导地位的众多中小型企业。

这些中小型企业为德国创造了近 70% 的就业机会，贡献了 60% ～ 70% 的出口额，总产值占国民生产总值的一半左右。德国人甚至专门用一个词语（Mittelstand）来描述这些中小型企业。它们在各自的领域拥有至高的地位，被称为“隐形冠军”，为增强德国的全球竞争力方面做出了卓越贡献。

“隐形冠军”的奥秘

“隐形冠军”这个概念是由德国管理学家赫尔曼·西蒙（Hermann Simon）教授提出的。1986 年，他在研究德国的出口数据时发现，有 60% ～ 70% 的德国产品是由中小型企业出口的，这一比例远高于其他发达国家中小型企业的出口比例。

西蒙教授的研究表明，在德国有一批领先世界的中小型企业，它们的营收规模不大，知名度不高，但市场份额很高，往往是该行业世界份额排名的第一或第二，西蒙教授把这类企业称为“隐形冠军”。

德国拥有众多的“隐形冠军”企业，每 100 万人口中就拥有 16 家“隐形冠军”企业，这一比例在全球是最高的。

英国的《经济学人》撰文称，这些企业常常被誉为“支撑世界第四大经济体（德国）的骨干群体”。它们都是世界级领袖，却韬光养晦、不露锋芒。它们通常由家族经营，位于小城镇，只被购买它们的特定机器和零件的企业所熟知。

德国的“隐形冠军”企业具有以下几个特征。

营收规模

“隐形冠军”中最大企业的规模也远不及世界五百强企业的规模，即便在德国也不算大。在西蒙教授的抽样统计中，“隐形冠军”的平均年营业额是 3.26 亿欧元（约合 26 亿元人民币），其中 1/4 的公司只有不到 5 000 万欧元（约合 4 亿元人民币）的营业额。

市场份额

“隐形冠军”企业往往在各自所属的细分行业中占据领导地位，市场份额的排名要么是世界前三，要么是某一大陆（大洲）第一。

知名度

“隐形冠军”企业往往不为众人所知。很多“隐形冠军”企业处于产业链中间环节，生产零部件或为大企业做配套服务，所以它们的产出不能被大众消费者看到。另外，还有很多“隐形冠军”企业深谙“闷声发大财”的道理，出于对潜在竞争对手的戒备，刻意“隐姓埋名”，以降低曝光度。

所属行业

超过 2/3 的“隐形冠军”企业生产工业产品，1/5 的“隐形冠军”企业涉及消费类产品，另有 1/9 属于服务业。

德国的“隐形冠军”企业拥有很多可贵的品质。例如，与客户保持长期和持续的密切关系，与同行追求合作共赢而非你死我活的恶性竞争，奉行稳健的融资策略，尊重和重视技术型、专家型人才等，但最根本的是以下三项经营原则。

专注聚焦

“隐形冠军”企业都非常专注、聚焦，它们笃信只有专注才会做到极致，只有聚焦才会造就世界一流品质。

乌尔曼公司（Uhlmann）是全球医药包装系统的领导者，其策略是“以前我们只有一个客户，将来只有一个客户——医药行业；我们只做一件事情，就是医药包装，但我们会把它做到最好”。

“隐形冠军”企业大都不做终端产品，而是为大企业提供配件，为大企业提供其不愿意或没有能力生产的零部件。以德国伍德公司（Würth）为例，它专门生产齿轮和螺丝钉。伍德公司的产品并没有刻意占领大众用户市场，其客户定位是全球各个行业的生产型企业，如机械、化工、精密仪器、家具等，甚至是汽车和飞机。虽然大众用户不直接购买伍德公司的产品，可是他们家中 95% 以上的螺丝钉却来自该公司，如办公室、家里的椅子、书柜、电器产品等，这些螺丝钉经过各种生产企业或建筑公司进入千家万户。

也有一些“隐形冠军”企业的产品面向个人用户，但并非针对所有大众，它们会对目标客户进行严格的界定。斯蒂尔电锯（STIHL）是德国拥有大型花园的别墅主人们选购电锯时的不二之选。斯蒂尔电锯的售价大多是 1 000 欧元（约合 8 000 元人民币）起，有些甚至达 3 000 欧元（约合 23 500 元人民币），而普通的电锯价格只有一两百欧元左右（约合 800 ～ 1 500 元人民币），所以只有在一些高端房地产及园艺杂志上才能看到有关斯蒂尔电锯的介绍。对于大多数普通消费者群体而言，该企业及其产品就称得上是隐形了。

成立于 1977 年的海瑞克公司（Herrenknecht AG）是世界上首屈一指的隧道机械设备制造商。海瑞克公司需要在全世界寻找商机与合作伙伴，但公司的总部却在创始人马丁·海瑞克（Martin Herrenkencht）的家乡，巴登—符腾堡州的一个小村庄。

这就是大多数“隐形冠军”企业的特点：它们对大众来说如同隐形，但是它们的产品往往是应用企业和特定用户的不二选择。“隐形冠军”企业不为大众用户所知，它们并非刻意回避公众，而是由于长期专注细分市场、为特定客户服务所致。其实，“隐形冠军”企业及其产品在业界也是大名鼎鼎和有口皆碑的，只是大众并不知晓而已。

持续创新

持续的创新是许多德国制造型企业长盛不衰的根本。

在很多人眼里，创新似乎很神秘且遥不可及。实际上，通过持续的、小规模的流程和产品的改进来改善产品质量是更现实的创新。在德国的企业中，典型的创新过程主要是由许多不会出现在新闻头条的、日积月累的改进而形成的。一些企业之所以能成为“隐形冠军”企业，是因为它们持续地一步步实施小的创新，日积月累，造就了顶尖产品，形成了竞争优势。

“隐形冠军”企业在研发方面的支出比普通企业多一倍，平均而言研发费用占其全部收入的 7%，“隐形冠军”企业的员工拥有的平均专利数量比一般企业多五倍。

全球经营

由于单一国家特定细分市场的规模有限，全球化经营便成为德国“隐形冠军”企业保持发展的主要动力。

德国是一个拥有 8 000 多万人口的国家，国内市场规模相对较小，所以注重海外发展是德国企业的一种本能。有的中小型企业甚至在 100 多年前就要求企业继承人必须具备海外工作经验。

专业化与全球化的有效结合使德国企业如鱼得水。一方面，德国企业专注于高端、细分和利基市场，在产品研发和制造的深度上有着绝对的优势；另一方面，大力开拓全球市场，保证了客户基础的广度。

在过去的 20 多年间，赫尔曼·西蒙收集了全世界 2 734 家“隐形冠军”企业的数据，其中德国拥有 1 307 家“隐形冠军”企业，是汇聚最多的“隐形冠军”企业的国家，美国有 366 家，日本有 220 家，中国有 68 家。显然，与德国相比，来自中国的全球“隐形冠军”企业的数量和质量还相去甚远。

然而，近年来，一批创新型的中国领军企业异军突起，走上了全球的舞台。这些企业的创立时间不久、规模不大，但具有自主创新能力和全球视野。它们自创立之初，就放眼海外，将全球市场视为一个完整的市场。与大型跨国公司相比，它们的战略选择、市场布局、发展路径、运营风格都颇为不同。

浙江大学管理学院的吴晓波教授将这类企业称为“天生全球企业”，全球化和创新是这类企业最关键的两大成长动力。

大疆创新“跨越疆域”

2019 年 4 月中旬，在德国慕尼黑郊区的国际展览中心，三年一届的全球最大的工程机械展正在上演，这是全球所有类似展览中占地规模最大的展会，展位面积达 614 000 平方米，相当于 100 个足球场的大小。展场上塔吊林立，高耸入云，从几千米外都能被看见，还有各种令人炫目的“黑科技”

轮番上演。在全球 3 700 多家的参展商中，中国参展商的数量超过了 10%，仅次于德国和意大利，成为不可或缺的中国力量。

在全球最大的工程机械展会上亮相的中国元素绝不仅仅是机械装备。

一家来自土耳其的企业展出了最新的混凝土泵车，同时，一架无人机在混凝土泵车的上方轻盈穿梭、俯瞰全场，宛若一只精灵。地面上，一名土耳其人正熟练地操控这架无人机，他叫伊尔马兹（Yilmaz）。

伊尔马兹说："我们的混凝土泵车实在是太高了，以前要想拍摄施工场景的全貌，只能派人爬到高处或借助大型吊车，费用和安全都是很大的问题。如今，这架无人机可以轻而易举地帮我们做到这一切。"伊尔马兹手中的无人机正是来自中国的大疆精灵 3。据伊尔马兹介绍，在土耳其，大疆无人机非常受欢迎，无论是在电商平台上还是在线下实体店，都能买到。

在德国工程机械展上的亮相，正是大疆无人机的足迹遍布全球的真实写照。

大疆无人机具有"创新型全球化企业"的鲜明特征。

第一步：放眼全球，找准定位

大疆的创始人汪滔颇具科技型企业创始人具有的叛逆色彩。就读于华东师范大学电子系的汪滔在大三时申请退学，转而到香港科技大学就读。在香港科技大学还未毕业，他就拉着一起做毕业课题的两位同学在深圳创立了大疆创新科技有限公司。

2007 年，当大疆创立时，小型无人机显然还是一个非常小众的市场，市场需求有限且受到诸多限制。若只局限于中国市场，这样一家公司就无法存活。大疆只有把海外市场纳入视线范围才有可能实现规模效应，这促使大疆在创业之初就定位于全球市场，从一开始走的就是主攻海外市场的战略路线。

大疆的策略奏效了，它抓住了全球无人机市场高速发展的机遇，大疆的销售额以每年 2 ～ 3 倍的速度增长。目前，大疆已经在全球售出了几十万架无人机。

有数据显示，大疆在全球消费级无人机市场的份额达到了 80%，未来几年，大疆仍将保持这种统治地位。

今天，大疆的海外收入已经占了其全部收入的 80% 以上，其中欧美市场的收入高达 50%。

第二步：聚焦差异化，打造极致产品

成为全球领导者的前提是拥有极致的产品，拥有极致产品的前提是对客户需求进行深刻洞察和了解。

汪滔说过一句话："我是做产品的人，我只想把产品做好。"

无人机最初的目标消费人群是一些有着专业化和个性化需求的人或企业，如摄影工作者、航模爱好者或专业航拍公司等。

在创立大疆的初期，基于对客户需求的深刻洞察，汪滔列出了一张愿望清单，主要包括解决稳定性、清晰度、传输距离这三个方面存在的根本问题，大疆后来的产品研发正是依照这份清单展开的。

当样品出来后，大疆首先将其提供给国外的资深爱好者试用，然后根据反馈建议不断改进产品。汪滔带着无人机产品到海外展会或摄影器材展上进行推销，乐此不疲，慢慢地营造了大疆在业余爱好者和专业航拍领域的知名度和口碑。

汪滔说："与开展内部会议相比，我更喜欢走访市场，拜访客户。一天的外勤工作比开一周的会议有用 100 倍。与客户交流能为我带来无数的想法和创意。”

2012年，大疆形成了完整无人机软硬件设施，从软件研发，到螺旋桨、支架、平衡环、遥控器，每一个零件都有自主知识产权。

同年，大疆推出了“精灵”无人机，这款无人机成为消费级无人机市场中的现象级产品。

2014年，大疆推出了精灵2，与精灵1相比，前者拥有强大的照相功能。精灵2成了2014年美国《时代周刊》(*Time*)评选的年度十大科技产品中唯一的中国产品。

2015年，大疆推出精灵3，这是真正意义上的一体式四旋翼无人机。

2017年，大疆再度推出精灵4，其最大的亮点就是拥有自动避障、指点飞行和视觉追踪的功能，这三大创新功能使精灵4轻松赢过竞争对手的产品。

距精灵4的发布仅隔半年后，大疆就发布了Mavic系列，该系列产品继承了精灵4的所有技术特点并进行了升级。

真正造就大疆绝对优势地位的不仅是产品，还有它的迭代速度。大疆的产品研发不是颠覆对手，而是颠覆自己，大疆把自己的前一代产品当作对手，把自己逼上绝路。

凭借对技术和用户的敬畏，大疆在技术、成本、速度方面建立了极大的优势，在全球无人机市场占据了近80%的份额。

与此同时，无人机的使用场景不断扩大，作为这个行业的领导者，大疆不断获得新增的市场红利。

在美国电影电视金球奖的颁奖典礼上，无人机及时传递航拍画面；在尼泊尔7.8级大地震中，救援人员依靠无人机绘制受灾地区的地图；美国爱荷华州的农场主通过操作无人机监测麦田；脸书(Facebook)使用无人机向非洲偏远地区提供无线互联网接入；大疆无人机甚至出现在《权力的游戏》（*Game of Thrones*）和最新一部《星球大战》（*Star Wars*）的拍摄现场。

2019 年 4 月，法国巴黎圣母院突发的大火很快就被扑灭了，大疆成为幕后英雄。两架具备热成像和电子变焦功能的大疆无人机飞跃巴黎圣母院，追踪火势的蔓延情况并追溯可能的火源位置，进而获得了控制火势的必要数据。

第三步：布局高效市场，复制成熟模式

与很多中国企业立足国内市场然后“走出去”的路线不同，大疆是少有的在走向海外市场的一开始就走高端品牌定位路线的中国企业。大疆先在欧美市场获得认可，再回到中国本土市场，这是一条非同寻常的路。许多海外玩家甚至根本没想到大疆是一个中国品牌。

美国市场一直是大疆的重中之重。2011 年，在无人机爱好者和电视真人秀明星科林·吉恩（Colin Guinn）的帮助下，大疆在美国设立了办事处，后来在得克萨斯州成立了北美公司。吉恩帮助大疆提出了新的口号：“未来无所不能”（The Future of Possible）。

在进入美国市场的初期，大疆瞄准了具有全球话语权和影响力的影视和科技行业。在推出精灵系列之初，大疆就将产品送到了好莱坞和硅谷，让影视行业、科技行业的关键领袖们率先试用无人机，大疆产品帮助他们的视野从二维世界上升到三维世界，并很快获得了这些全球科技界顶尖人士的青睐和推崇。

因此，大疆无人机陆续出现在热播美剧和电视节目中，既有参与制作又有产品植入，如《国土安全》（*Homeland*）、《摩登家庭》（*Modern Family*）、《生活大爆炸》（*The Big Bang Theory*）等影视作品中，都能看到大疆产品的身

影。在工作之外，许多好莱坞明星和硅谷名人也成为大疆产品的首批推崇者和种子用户。2015 年上半年，美国广播公司的摄制组前往冰岛，通过运用无人机航拍直播火山喷发，那一期的《早安美国》（*Good Morning America*）节目成了大疆在北美进行品牌宣传的一个里程碑。

在大疆精灵 4 发布后，美国主要测评机构对其进行了全方位的测试和评价。从主流媒体到小众社群，都对精灵 4 给予了极大的关注。

> 精灵 4 或许是市面上第一部具备障碍物躲避功能的消费级无人机，但它的这种能力同样受到一定的限制。精灵 4 看不见电线或其他细长的障碍物，由于它背后没有摄像头，后退的时候可能会撞到东西。但是，其对计算机视觉的初级应用，已经让用户在控制无人机时感到更加放心。
>
> ——《华尔街日报》
>
> 精灵 4 的拍摄能力绝对不会让你失望，它所拍摄的图片和视频都很精美、清晰，实时画面传输让用户可以在飞行控制室体验到周围的环境。说到飞行控制，精灵 4 控制起来也非常直观，更重要的是不会影响拍摄。虽然售价高昂，但精灵 4 可以让你以一种全新的角度去观察世界。
>
> ——《连线》

还有大量推荐精灵 4 的文章在科技论坛上广为流传。

在销售方面，大疆也独辟蹊径，灵活运用线上和线下的渠道组合。除在线上的大疆官网之外，在线下，大疆分别在丹佛、纽约、西雅图和旧金山设立了旗舰体验店。在北美部分苹果零售店参与了首批现场发售大疆精灵 4 无人机。

众所周知，苹果的专卖店里只展示自家商品，由于与大疆合作，在北美，有超过 400 家苹果零售店里设立了单独给大疆展示精灵 4 的专区。

正是因为对美国市场的深度了解，以及运用极致产品、精准营销、创新渠道、深度传播、意见领袖等多种组合，让大疆在美国市场大获成功。

传音的非洲奇迹

中国的智能手机正席卷全球。在世界手机十强的排行榜上，华为、小米、OPPO、vivo 高居前列。除此之外，以前很少为人所知的一家名为传音（TECNO）的中国手机品牌异军突起。与大疆类似，这是另一家典型的创新型全球化企业，不同的是，大疆优先选择了北美，而传音选择了非洲。

第一步：放眼海外，另辟蹊径

传音公司创建于 2006 年，创始人竺兆江早期在波导手机工作了 10 年，积累了丰富的手机行业经验。在波导手机退出市场后，经过详细的海外市场调查后，竺兆江将海外市场认定为其东山再起之地。

与大疆率先突破美国市场不同，传音的“主场”在非洲。在非洲，传音可以说是家喻户晓，在整个非洲大陆，传音的各类子品牌手机一度占据了智能手机市场的将近 50% 的份额。

第二步：聚焦用户需求，打造极致体验

有观察者认为，最早进入非洲市场所形成的先发优势是传音成功的最大原因，实际上，为非洲消费者打造极致的手机产品才是传音成功的真正秘诀。

成功打造极致产品源自对用户需求的深刻洞察和精准把握。由于肤色的原因，非洲用户在拍照时往往无法得到一张满意的照片，传音经过大量的研

究和算法的优化对手机的照相功能进行了升级，为非洲用户开发了能识别其肤色和面部特征的手机摄像头。

非洲用户认为手机的重量代表着品质，传音在设计产品时就特意增加了重量，并且参照非洲用户的手形加大了手机的尺寸。

传音内置的手机音量也和其他品牌手机不同，这是因为无论是在接听电话还是欣赏音乐时，非洲人普遍都喜欢大音量。

一些非洲用户使用英语，但还有很多人使用本地语言，这些语言非常小众，一些手机根本不会适配，而传音对这些语言进行了适配。

针对大部分非洲用户购买力较弱的客观情况，传音采取低成本、低价格策略，使拥有一款低成本的智能手机不再成为广大非洲民众的奢望。

打造极致产品来自对使用环境的深刻了解和适应。在非洲，不同地区的网络资费差别很大，很多非洲用户都喜欢随身携带多张手机卡，传音为此推出了双卡双待手机，还曾推出四卡手机。

在部分电力紧张的地区，传音推出能超长待机的手机，一些产品的待机时长可达一个月，这满足了偏远地区的用户的需求。

一些中国企业家看到了非洲遍地黄金，却不知道如何在这片沃土上淘金。他们抱怨说不知道如何改善与当地人的关系，也不明白究竟怎么做才能满足非洲用户的需求。传音的实践证明，要想赢得非洲客户的信赖，必须躬下身去，闻到土地的芳香。

第三步：深耕非洲，立足长远

当被问及传音公司在非洲获得成功的秘诀时，传音的不少员工都给出了两个关键词：勤奋工作和街头智慧。

传音的高管则表示：快速赚到钱并非传音的目标，传音更看重长远利益，在非洲开展本地化运营已成为传音的核心所在。

本地化运营不仅仅意味着简单满足非洲用户的需求，还应随时对产品的功能做出调整。

在营销网络拓展方面，传音从其他品牌较少关注的不太发达的地区入手，迅速建立了市场地位和影响力，传音的销售网络已经覆盖尼日利亚、肯尼亚、埃及、坦桑尼亚、埃塞俄比亚等大部分非洲国家。

在售后服务方面，传音是第一个在全非洲范围内建立售后服务网络的企业，几年来，传音投入巨资，在全非洲范围内建立了近百家售后服务中心和上千个售后维修点，拥有一千多名售后服务人员。

在产品研发方面，传音在尼日利亚和肯尼亚的首都设立了研发中心，在埃塞俄比亚买下了 2.6 万平方米的土地，并计划投资建厂。

许多渴望进军非洲的中国企业在满足当地市场需求、融入非洲当地文化方面遇到了很多障碍。

传音的本地化经营思路与那些渴望在非洲快速淘金的中小型企业相同。传音能在非洲取得成功，其在当地社区建立起的“牢不可破、立足长远”的原则发挥了重大作用。

传音在非洲聘用了大量本地人，以促进当地的就业，并且启动了一系列企业社会责任项目，向非洲民众传达了清晰的信号：传音不仅积极参与推动移动业务的发展，还积极参与当地的社区文化建设，这是一家负责任的公司。

大国重器的创新之道

继中国高铁、中国核电、中国桥梁之后，中国工程机械行业已经成为另一张亮丽的“中国名片”。

在混凝土设备领域，徐工集团、三一集团、中联重科是当之无愧的全球三甲；在土方机械装备领域，柳工集团在装载机、挖掘机、推土机领域拥有全面的竞争能力；在工业车辆领域，安徽合力、杭州杭叉跻身全球领先行列；在掘进装备领域，铁建重工、中铁装备迅猛发展，与来自德国的海瑞克并列全球第一阵营。

国机重工、雷沃重工等企业亦不遑多让，在海外赛道上快速发力。还有一批细分领域的优势企业，如高空作业平台领域的浙江鼎力和星邦重工、矿用宽体自卸车领域的陕西同力重工等企业，在领跑国内市场的同时大力拓展海外市场。生产供应链上的一些关键零部件的企业如恒力液压等，也抓紧完善全球布局，与主机企业相互支持，协同出海。

在中国工程机械工业协会会长祁俊的眼中，在追求全球化发展的中国工程机械行业中，既有产品线完整的大型企业，也有面对特定细分市场的中小型企业；既有整机企业，也有供应链企业；它们不仅把海外市场看作新的机遇，更把全球化发展当作企业转型升级的必经之路。

“利用全球资源”“谋求创新发展”已经成为中国工程机械行业的主题词。

安徽合力

已经走过 60 年发展历程的合力叉车不满足于国内市场的龙头地位，近年来大力拓展海外市场，激活了新的增长点，焕发了新的生命力。

作为叉车行业的中国冠军企业，合力懂得每一台合力产品都代表着中国品牌的口碑和形象，甚至代表着国家的形象。合力自走出国门伊始，就始终坚持以质取胜，以自主品牌开拓国际市场，并已经在境外 143 个国家或地区注册了 157 件“HELI”商标。

合力在区域布局方面步步为营。2015 年，位于法国北部的合力欧洲中心正式运营；2018 年，合力东南亚中心在泰国落成；未来，合力还将择机设立北美中心。

合力的海外发展不仅仅是简单的产品出口，而是沿着产业链进行深度布局。面向上游，合力与德国采埃孚集团合资成立采埃孚合力传动技术有限公司，致力于向全球市场提供国际一流、高品质的传动系统核心部件。面向下游，经过多年耕耘，合力已经建立起了遍布全球 80 多个国家或地区的国际营销服务网络。

合力的全球化并不排斥与优秀的同行企业携手同行。合力与全球叉车行业排名第三的德国永恒力集团在中国上海合资成立租赁公司，发挥双方的品牌效应和资本实力，优势互补，共同开拓租赁市场这一新兴领域。

全球化发展也意味着参与全球行业技术标准的制定。早在 2009 年，合力叉车董事长张德进牵头动议，带动一批中国工业车辆行业制造商成功加入世界工业车辆制造商联盟，并担任中国工业车辆制造商联盟主席，与丰田、林德、永恒力等全球领先企业共同探讨产业发展趋势，参与行业技术标准的制定，这极大地提升了中国企业在全球工业车辆领域的话语权。

铁建重工

在 20 世纪，中国人建造了中国的第一条地铁线路——北京地铁 1 号线，建设这条仅 23 千米长的地铁隧道用了 4 年时间。

按照这个速度建设中国现有的地铁线，至少需要花 100 年，而实际上我们仅用了三分之一的时间就实现了这一目标。

近年来，中国主导的超级工程遍布全球。建设超级工程，离不开超级装备。中国自主研发制造的盾构机快速崛起，铁建重工和中铁装备已经成长为拥有全球竞争力的中国品牌。

铁建重工创立于2007年，隶属于大型央企——中国铁建。自创立以来，铁建重工以系统、完全、颠覆性的自主创新，掌握核心技术，打造国之重器，助推中国地下施工装备跻身世界前列。

2010年，铁建重工自主研制的国产首台土压平衡盾构机横空出世。这台盾构机国产化率达到87%，创造了当时国产盾构机的最高纪录，这让原本均价在1.5亿元左右的“洋盾构”，在中国市场被迫降价30%。

由于性价比更优、能够适应各种复杂地质，国产隧道掘进品牌迅速走向世界。如今，国产盾构机占领了国内90%的市场份额。铁建重工盾构机被出口俄罗斯、土耳其、斯里兰卡、韩国、印度等“一带一路”沿线国家。

1965年，苏联专家帮助中国修建北京地铁1号线。50多年之后，铁建重工的5台盾构机被出口到俄罗斯，助力莫斯科地铁建设，极大地提升了施工效率，缩短了建设工期。莫斯科主管基建的副市长马拉特·胡斯努林（Marat Khusnullin）赞叹说：“中国有在地铁施工和管理方面的先进经验，最关键的是中国还有自己的核心装备。”

铁建重工一方面充分发挥中国铁建集团旗下中土集团和中国铁建国际集团这两大外经平台的优势，强强联合“协作出海”，另一方面加快了“自驾出海”的步伐。目前，铁建重工已在全球范围内设立了13个区域经营机构，覆盖了超过40个国家和地区的海外市场。

下一步，铁建重工要从立足国内发展向海外优先全面转型，将海外经营业务扩大到所有产品和所有服务，将海外经营机构扩大到南美洲、大洋洲、欧洲等全球市场。

雷沃重工

作为工程机械行业的新兴力量，雷沃重工近年来异军突起，已经成为业内成长最快的品牌之一。持续布局全球化战略，正是雷沃重工的关键取胜之匙。

2012 年，雷沃重工在欧洲和日本布局工程研发中心，之后持续加大研发投入，不断积累研发实力，整合全球高端技术资源和人才资源，强化“中国 + 欧洲 + 日本”的全球化研发体系。

目前，雷沃重工拥有 200 余名研发人员，其中有 20 余名日本专家，以及负责集合整机匹配、液压设计、工作装置、测试验证、电控设计以及质量控制等方面工作的专家团队，他们为产品研发提供技术保障，并且对行业前沿的智能施工、能量回收等新技术进行集中攻关。

如今，雷沃重工以北京为全球运营总部，以日本为全球技术整合与研发中心，以青岛西海岸为生产制造基地，同时将深圳当作金融与互联网业务支持中心，不断整合全球资源，创新产品与服务，为长期可持续发展谋篇蓄力。

青岛国际啤酒节始创于 1991 年，它是融合旅游、文化、体育、经贸于一体的国家级节庆活动。每年夏天，来自全球各地的旅游者齐聚青岛，尽情享受美丽的海滩和美味的啤酒。

雷沃重工凭借青岛得天独厚的地域优势与青岛国际啤酒节这一地标性质的国际活动平台，将雷沃的产品体验、品牌内涵与青岛的城市文化结合起来，打造了一场别具一格的品牌体验之旅。

自 2017 年起，在每年的青岛啤酒节中雷沃重工都会邀请来自全球的客户、代理商、供应商等合作伙伴来青岛体验啤酒节文化和雷沃的品牌文化。不同肤色、不同语言的全球伙伴开怀畅饮、纵情欢呼，山东的好客文化、青岛的海洋文化、雷沃的激情文化完美融合，给每位来客留下了难以忘怀的美好回忆。

高空作业的中国臂膀

高空作业平台是工程机械行业近年来最具成长性的细分领域。与人工作业相比，高空作业平台具有安全、高效、智能和环保等特点，因而每年都以30% ～ 50% 的速度高速增长。然而，据权威机构国际高空作业联盟（IPAF）测算，近 90% 的高空作业平台市场仍然集中在海外，尤其是欧美市场。

美国的捷尔杰（JLG）和吉尼（Genie）、加拿大的斯凯杰克（Skyjack）、日本的爱知（Aichi）以及法国的欧力胜（Haulotte）多年来居于全球高空作业平台行业前列。近年来，来自中国的高空作业平台制造商异军突起，它们凭借对客户需求的深刻洞察和对技术创新的不懈追求，厚积薄发，强势进入了这一欧美企业占据绝对优势的领域，来自浙江湖州的浙江鼎力和来自湖南宁乡的星邦重工就是最佳代表。

浙江鼎力

和众多浙江企业的创始人一样，浙江鼎力的创始人许树根低调、务实，在智能工厂施工期间，他的办公室就在员工食堂的楼上。作为上市公司董事长，他极少外出应酬，只要有时间他就钻研如何改善产品。他对客户需求的关注堪称极致，他甚至要求研发负责人直接管理售后服务部门，这样做就是为了让研发人员更接地气，更直接地听到客户的反馈。与董事长的头衔相比，“首席客户官”也许更适合他。

高空作业平台中有 90% 的海外市场需求集中在欧美国家，要想进军海外，必须突破欧美，要想突破欧美，必须突破租赁客户。然而，欧美的大型租赁用户都很挑剔，他们对高空作业平台的安全性要求极为苛刻，在对高空作业平台品牌进行选择时也格外慎重。

许树根坦言，在进入美国市场的初期，在与大型租赁客户洽谈的时候，他将产品免费送给他人试用，人们都不敢用。这就是早期中国产品在欧美市场的真实写照。为了获得美国大型租赁公司这一需求庞大但又挑剔的客户群，鼎力花了整整 4 年的时间，对传统的臂叉式产品设计进行了颠覆性的改变。

传统臂式零部件和结构件几乎不通用，鼎力新臂式系列中有 95% 的主要部件和 80% 的结构件是通用的。客户只要会维修和保养 10 款中的 1 款即可应对所有机型。客户只需购置 1 套易损配件即可应对所有机型的突发故障。鼎力对新臂式产品采用了下沉式设计。与老款车相比，新臂式产品的特点是主要部件、配重重心下移，主要部件均位于底盘两侧，便于维修保养。

在海外渠道建设上，在重头的欧洲、日韩和美国市场，经过前期的探索后，鼎力找到了适合自己的渠道布局方式。

鼎力直接在英国、韩国设立分公司，聘用当地员工以加强拓展本地优质客户的能力。

在全球市场容量最大的美国市场，鼎力针对超市客户和租赁客户这两个下游市场设计渠道模式，其中在超市客户方面，鼎力主要通过与独立渠道商 Ballymore 合作开展业务，在租赁客户方面，鼎力则与渠道商 CMEC 合作。两个渠道各自独立，为了加强对租赁渠道的控制能力，鼎力还出资入股了 CMEC。

星邦重工

“湘军”在中国工程机械行业是一个神奇的存在。湖南涌现出了三一重工、中联重科、铁建重工、山河智能等优秀企业。在高空作业平台领域快速崛起的星邦重工则是另一家具有代表性的企业。

2007年，刘国良和许红霞夫妇创办了星邦重工。技术出身的刘国良侧重于研发产品，而营销出身的许红霞则负责开拓市场。许红霞在十年来跑遍了许多国家，平均每年要飞行200 000千米，拜访过星邦重工的每一位海外合作伙伴和关键客户。

许红霞说：“星邦的每一位客户我都认识，而且我曾到世界各地拜访过他们。这种面对面的拜访所建立起来的紧密关系的价值是不可估量的。”对市场的执着和高度以客户为导向可以令全球的客户感受到星邦重工坚定的承诺，使他们放心，因为星邦重工始终和他们在一起。

近年来星邦重工每年的营收增长率超过了50%，营收增长得越快，星邦重工的决策层越是心怀敬畏之心，他们坚定地认为营收的高速增长绝不能以牺牲质量为代价。星邦重工发起了“品质革命”活动，旨在通过采取一系列举措持续、全面地提升产品质量，严格遵守不合格品“不接收、不制造、不流出”原则，坚决打造精品。

2019年5月，著名经济学家北京大学的周其仁教授亲自带队走进星邦重工，就“品质革命”这一课题专门进行了调研。同月，国家工业和信息化部公布了第一批国家级专精特新“小巨人”企业名单，星邦重工榜上有名。

专精特新“小巨人”企业推荐函中对星邦重工的评价如下所示。

专。星邦重工从成立之初就一直专注于高空作业平台的研发与推广，现已发展成国内高空作业领域的领军企业。

星邦重工目前已拥有自行直臂式、自行曲臂式、自行剪叉式、蜘蛛式、车载式、套筒/桅柱式这6大系列高空作业平台，产品作业高度为4～44米，拥有行业内最全的产品线和丰富的产品型号，可以满足不同工况和场景应用的需求，为海内外客户提供不同的高空作业解决方案。

精。为了满足国内外日益增长的市场需求，星邦重工剪叉智能流水线和臂车智能流水线陆续投产，并通过全过程精益生产管理模式，运用标准控制、质量控制、过程控制等手段持续提升产品品质。

特。星邦重工从应用工况的实际出发，在通用型产品的基础上做了大量的优化升级，并研发出专门针对船舶、石化及沙漠、石油储备隧道等恶劣工况的特殊配置产品。

新。星邦重工已积累了十余年的自主研发经验，掌握了多项核心技术，拥有CE、AS、GOST等多项国内国际认证专业资质，每年投入研发的资金占销售收入的8%，远超一般企业的5%的投入比重，获得了100多项专利授权证书。每一台星邦设备在出厂前都需要经过多重严格的测试与检验，以保证产品质量稳定、性能卓越、安全可靠。

尤为难能可贵的是，自创立以来，星邦重工就致力于在全球范围内打造自主品牌，其英文名“SINOBOOM”既有“中国繁荣”之意，亦有“中国臂膀”之意，这无疑是中国高空作业平台企业全球化发展的最佳写照。

百舸争流

这个世界未能像托马斯·弗里德曼曾经预测的那样，成为一个平坦的世界，区域、国家和地方的差异仍将继续存在，在当前的外部环境下，这种差异性还在不断强化。因而，是否具备超强的“适应能力”成为企业拓展全球市场的关键能力。在这方面，中小型企业恰恰具有优势。与大型企业相比，中小型企业没有那么多僵化的组织结构、冗长的决策流程，无论在决策上，还是行动上，都更具灵活性。

企业无论大小，只要方法得当，都有机会融入全球市场体系之中，闯出一片新天地。

在全球市场一体化的背景下，中小型企业在发展过程中不能仅仅满足国内市场的需求，还要善于利用全球资源，才能让发展的力度更大，速度更快，范围更广，程度更深，否则其在国内市场的优势也可能消失。

与传统企业相比，中小型企业能够敏锐地感知海外机会，敢于率先行动，敢于承担必要的风险和应对挑战，更有可能弯道超车，超越传统意义上的领先者。

创新和全球化正成为中国企业转型升级的两大法宝。

企业凭借自身的创新优势，有机会成为成功的全球化企业；而成功的全球化转型又能推动企业创新，令企业有机会持续保持领先地位。

未来的成功者必将是那些将“创新”深植于DNA之中，能够不断审视自我、主动升级的企业。

早期的大多数中国出口企业依靠低成本和低价格在海外市场占据了一席之地。中国依靠庞大的劳动力大军创造了令世人瞩目的经济奇迹，这也导致了中国的制造业出现了一大批“数量冠军”，而不是“质量冠军”。

随着逐年上升的劳动成本和不断加快的人口老龄化趋势，加上全球贸易环境的急剧变化，来自孟加拉、越南等更低成本国家的竞争日益激烈，中国制造的成本优势不再，单纯依靠成本优势的发展模式日渐式微。

中国的企业必须向行业创新链的上游延伸，从被动的跟随者、模仿者、追赶者变成超越追赶的领先者，不仅仅要做“数量冠军”，更要做“质量冠军”。

与数字经济的融合创新是创新发展的一条重要路径。如今，数字经济对实体经济特别是制造业产生了极大的支撑效应和引领作用。数字经济与制造业的融合既表现在对研发、生产、物流、管理等环节的改造提升，也体现在不断催生新业态、新模式和新体系方面。因此，中小型企业需要对数字经济催生的新业态、新模式和新体系进行提前布局，在变革中把握行业未来走势，获得未来的竞争优势。

• * • * •

作者手记

不得不承认，与大型企业相比，中小型企业的战略能力、管理基础、人才储备更加薄弱，因此后者必须持续改进管理能力，才能与全球化发展的雄心相匹配。

2018 年年底，我曾连续在深圳、广州、杭州、北京等地参加了多场关于中国企业如何应对在海外发展过程中遇到的困难这一主题的研讨活动。参与研讨的企业既有像 TCL、招商局这样已经在国外取得卓越成就的大型企业，也有一些正在海外市场上下求索的中小型民营企业，还有一批来自中关村的正蓄势待发、扬帆出海的高科技企业及互联网企业。

这次调研给我留下了一个极其深刻的印象：与大型企业 / 国有企业相比，中小型民营企业走向海外时所需的资源禀赋等战略视野、人才储备、风险防范能力等方面存在明显的短板。

在北京座谈会上一位民营企业家的发言非常具有代表性，他说：“我们公司从 2006 年就开始进入海外市场，但后来国内的四万亿投资又把我们拉回了国内。2012—2013年国内经济下滑，我们不得已又走向海外，但是我们在之前建立的基础已经没有了，因此我们不得不从头开始。现在我们在海外市场虽然有一些业务，但也存在很大的风险，我们拖欠了大量的工程款，汇兑损失也很大。”

这位企业家的发言在很大程度上反映了中小型民营企业走向海外的典型状态。

随着“一带一路”倡议日益深入人心，众多的民营企业开始成为拓展海外市场的主力军，一时间出海的航道上百舸争流，千帆竞发。

然而，部分企业由于准备不足、仓促上阵，加上抵御海上风浪的能力有限，出现了明显水土不服的“症状”。

当前全球经营环境复杂、严峻，因此企业快速弥补海外业务管理能力和风险管控能力，以管理能力的确定性应对外部环境的不确定性的需求就显得尤为强烈。

中小型企业出海至少要形成“五个一”的能力组合。

1. 一个战略目标

中小型企业走向海外时面临的最大挑战之一就是缺乏明确的战略目标和长远打算，在制定业务决策时只是跟风而动，带有明显的机会主义特征。

中小型企业如果对国外市场环境缺乏系统的分析研判，对海外布局没有明确的规划，对海外风险缺乏有效的防控手段，雄心勃勃的出海之旅极易变成一场“闹剧”。

明确的战略目标就像是航船上的“罗盘”，它能保证企业在晦暗不明的海面上，以及突如其来的乱流中不至于随波逐流、失去方向。

2. 一个市场布局

在海外目标市场是全面开花还是聚焦核心国家力求重点突破这一问题上，企业需要结合市场需求和企业拥有的资源进行仔细考量。每个出海企业不可能都成为华为，也不可能都采取全面开花的海外市场策略，中小型企业更应该因地制宜，选择适合自己的海外市场布局。

明确的海外市场布局就好像一张“海图”，精准且明确的海图就是企业走向远海大洋的“通行证”。

3. 一条发展路径

出海路径有多种，没有统一的模板和定式，适者生存，关键在于是否合适自己。清晰的发展路径好似“轮舵”一样掌控着航船的行进方向。

在中国工程机械行业，资本实力较雄厚、管理基础扎实的领先企业如三一、徐工、中联重科、柳工等企业不约而同地采取了海外并购的高难度动作，而有的企业审时度势、量力而行，选择了与全球领先企业开展战略合作，进而迅速全面提升国际化能力，也是非常明智的。

中小型民营企业可以考虑的另一种模式就是借船出海。中国企业走向海外已不再是局部行业或个体企业的行为，而是各产业集群的整体性行为。在出海大潮中找准自己的定位，如果能够为大型舰队做好服务，即便是大型舰队中的一艘补给舰也能成为出海生态系统中不可或缺的一员。

4. 一套管理体系

一望无际的大海有两副面孔：有时候风平浪静，美不胜收，令人心旷神怡；一旦风暴袭来，威力惊人，狂躁之下可能将桅杆折断，甚至让大船倾覆。

民营企业往往更看重快速赢得市场，而忽视了内部管理体系建设，尤其是对风险管理的认识不足，应对不力，一旦遭遇风险，可能遭受惨重的损失。

一套完备的管理体系尤其是风险管理体系就好像航船之“锚”，在遭遇风浪时，能够使企业及时稳住阵脚。

面对当前纷繁复杂的海外环境，民营企业更要针对外部环境的变化及时升级管理体系，改进管理流程，加强风险防控，避免陷入险境。

5. 一支管理团队

一艘大型航母除了舰长、联队长等指挥人员以外，还应有舰载飞行员、设备操作员、调度员、引导员、安全观察员、油料员、医护人员。

即便是一艘普通的航船，既要有船长、大副、二副等，也要有轮机长、水手长、机工长等角色的分工协作。

出海的国际业务团队也是如此，既要有统领全局的领军人物，在营销、服务、财务、法务、人力资源、技术等关键领域也要逐步配备得力的专业人员。

在国际市场开发早期阶段，企业往往更注重对市场开发人才的吸引和培养，而随着海外业务的加深，需要不断完善对不同领域的人才的储备、培养和积累，包括专业的海外技术人员、金融财务人员、售后服务人员、海外投资运营人员，否则企业很快就会陷入捉襟见肘的境地。

出海掌舵人的全球化视野和格局，更是在很大程度上决定了企业到底能走多远，因而企业领导者必须不断修炼自己的全球化视野和跨文化领导力，这是出海企业家们终其一生的必修课。

第八章

跨境风云

——海外并购的动因与要素

如果并购活动能够和本公司的现有战略之间融合起来，那么并购获得成功的可能性就会最大。

——路易斯·郭士纳（Louis Gerstner）

在中国企业走向国际化道路的过程中，除了进入新市场、拓展新客户、开发新业务、推广新产品等内生发展的常规动作之外，跨境并购等外延增长方式也起到了极其关键的作用。

随着全球化程度不断加深，中国企业走出去的路径由初始阶段的国际贸易、海外营销转向海外投资、跨国并购等高级方式成为必然，在全球并购的新舞台上出现了越来越多的中国企业的身影。

2014 年是中国企业对外投资具有里程碑意义的一年，中国全年对外投资总额超过 1 000 亿美元。对外投资额首次超过吸引外资总额，这意味着中国成为净资本输出国。

在随后的 2015—2016 年，海外并购交易额继续大幅增加，2016 年成了海外并购的“井喷之年”，中国企业的海外并购交易额达到了惊人的 2 200 多亿美元，跃居全球第一。

由此带来的国内资本持续外流在一定程度上给国内汇率及货币政策带来了较大的压力。2017 年国资委、发改委、商务部、人民银行以及外交部等部门联合发布了多项政策组合，以引导企业合理地进行境外投资，控制非理性跨境并购，有序引导资金双向流动。

与此同时，外部市场尤其是欧美国家对中国企业跨境并购的审核持续趋严。

北京大学汇丰商学院企业发展研究所发布的《中国上市企业海外并购研究报告 2015—2018 年》显示，2017 年中国上市企业海外并购金额同比下降超过 50%，2018 年同比再次下降近 30%。

在多种因素的相互作用下，中国企业的海外并购行为日趋理性、规范和成熟。

随着时间的流逝，中国企业进行海外并购的动因从早期的获取自然资源变成了后期的拓展市场版图、获取关键技术、谋求转型升级。

中企跨境并购的七大动因

获取自然资源

中国企业跨境并购的早期阶段，获取海外自然资源是最核心的并购动因，在 2004—2014 年，以获取海外自然资源为目的的资源型并购占据了中国企业海外并购总额的近 40%。2012 年，中国海洋石油集团有限公司以 151 亿美元收购加拿大尼克森石油公司（Nexen）就是一个典型案例。

拓展市场版图

收购海外成熟品牌，跨越市场进入壁垒，是中国企业海外并购的另一大动因。2007 年，中联重科收购意大利 CIFA 公司。2012 年，三一重工收购德国普茨迈斯特集团（Putzmeister），徐工集团收购德国施维英集团（Schwing），广西柳工收购波兰 HSW 公司工程机械事业部，这些并购令中国企业在欧美市场完成布局的时间至少提前了 5 年。

2015 年 5 月，中国交建旗下的中交国际完成了对澳大利亚第三大建筑工程公司约翰·霍兰德（John Holland）100% 的股权收购，约翰·霍兰德是澳大利亚唯一同时持有铁路运营和铁路基建管理执照的公司，中国交建就此进入了澳大利亚铁路建设和运营市场。

2017 年 4 月，中国交建南美区域公司收购了 Concremat 公司的 80% 的股权。该公司是巴西第一大工程设计咨询公司。由此中国交建打开了由工程设计环节进入巴西工程承包市场的路径。

获取关键技术

海外并购已经成为中国企业破解高端技术瓶颈的重要手段。燃气轮机和大飞机、飞机发动机被并称为现代工业的“三颗皇冠上的明珠”。2014 年，上海电气收购意大利安萨尔多公司（Ansaldo），把通用电气、西门子和三菱等三巨头在全球重型燃气轮机行业长期形成的垄断局面撕开了一个缺口。

稳定财务回报

寻找海外价值洼地，优化全球资源配置，平衡公司收益，获得稳定的财务回报是此类海外并购行为的基本出发点。

国家电网在这方面取得了突出的业绩。过去十余年间，国家电网公司投资运营了菲律宾、巴西、葡萄牙、澳大利亚、意大利等国的骨干电网，取得了令人满意的投资回报。

近年来，我国另一大电网企业——南方电网，也大大加快了海外投资的步伐。

谋求转型升级

面对传统产业下行的压力，富有远见的企业把目光投向海外的领先科技领域。享有传统白色家电巨人之称的美的集团在 2016 成功收购全球机器人四大家族之一、德国机器人巨头——库卡公司，积极向“全球领先的消费电器、暖通空调、工业机器人和自动化系统的科技集团”转型。

追求内外联动

典型代表是复星集团。复星集团在秉持“全球资源嫁接中国动力”的投资理念的前提下，重点投资在海外市场具有广泛影响力但是在中国市场还未发展成熟的产业或品牌，而后择机将其引入中国市场。在这种理念的主导下，复星集团先后收购了加拿大太阳马戏团和法国地中海俱乐部。收购地中海俱乐部之后，复星集团出于对中国消费者的深刻洞察，开发了更加靠近中心城市的度假产品，旨在为中国一线城市的家庭和企业消费者提供精致的短途假期体验。

玩转资本魔方

2015—2016 年，文化产业和体育产业一度成为海外投资并购热点，拥有各种背景的中国企业频频购买海外体育俱乐部，一时间蔚为壮观。西班牙马德里竞技俱乐部、英国曼城俱乐部、阿斯顿维拉俱乐部、意大利国际米兰俱乐部、AC 米兰俱乐部等十余家足球俱乐部的背后，都出现了中国资本的身影。

然而，随着国家外汇管制的收紧，以及 2017 年底发改委发文把体育俱乐部明确列入限制海外投资的领域后，此类并购行为已属昙花一现，盛景难再。

还有一些海外并购行为，特别是一部分上市公司的海外收购活动，旨在利用中国和海外资本市场企业估值的差异，追求无风险套利。从资本逐利的角度来说，这种操作本身并非没有合理性，但是一家上市公司的长期发展和市值管理更应该依赖正确的战略和稳定的经营，不应过度依赖资本游戏。

海外并购的三大命题

经典的并购理论表明，企业不可能仅仅通过内生性成长来创立一家世界性的公司；诺贝尔经济学奖得主乔治·斯蒂格勒（George Joseph Stigler）的研究表明，几乎没有一家美国大公司不是通过并购成长起来的。一项针对《财富》杂志 100 强企业的调查表明，绝大多数公司是多次并购的产物。通用汽车、IBM、思科、通用电气等巨头的发展史几乎就是一部并购史。

美国 AECOM 公司是全球工程咨询设计领域的领先企业，过去 9 年连续在 ENR 全球工程设计公司 150 强榜单上名列前茅，2010—2017 年连续位列第一，2018 年位列第三。在 AECOM 的发展历程中，并购对其飞速扩张起到了至关重要的作用。1998—2009 年，AECOM 的营业收入年复合增长率为 20.1%，其中 10.6% 源自其自身，另外 9.5% 源自收购。

在像工程咨询这样技术密集、人才密集以及市场具有高度碎片化特征的行业里，并购是实现快速发展的极其重要的路径和手段。并购使 AECOM 迅速获得了大量优质的人力资源，在 AECOM 全球最资深的 250 名高管中，有 61% 来自被并购的企业，其中一半以上是来自非美国的并购对象。缺乏设计资质是困扰所有在中国开展业务的工程设计公司的棘手问题，通过并购国内的设计公司，AECOM 跨越了在中国市场的“资质壁垒”。

无独有偶，来自江苏南京的江苏省交通科学研究院（简称“苏交科”）于 2016 年 6 月收购美国最大的环境监测企业 TestAmerica 的 100% 股权，同年 8 月，收购西班牙第四大工程咨询公司 Eptisa 公司，成功迈入了门槛极高的北美和欧洲工程咨询市场，苏交科在 ENR 全球工程设计公司 150 强榜单上的排名也随之飞速攀升。

然而，由于具有高度的复杂性和不确定性，并购是具有高风险的经营活动。多家机构的研究表明，从全球角度看，长期并购的成功率不超过 50%，70% 的并购活动在两年内没有达到并购前的预期。甚至有三分之一的公司在 5 年内又被重新出售。

2010 年 5 月 3 日，美国联合航空公司和大陆航空公司达成了价值 32 亿美元的合并案，合并后的公司继续使用联合航空的名称和大陆航空的商标，成为全球规模最大的航空公司。

合并之前大陆航空在客户服务领域具有独到的优势，而联合航空在美国本土和全球航空市场都有优异的网络资源，两家公司的合并，具有明显的潜在协同效应。监管者、投资者、旅行者以及两家公司的员工等利益相关者都热切期望看到一家更好的公司。

然而，大型企业的整合难度在这个案例中表现得淋漓尽致。七年过去了，两家公司的空乘人员甚至还不能混合编组，还在按照合并前的方式分别执行飞行任务。美国媒体和观察家普遍认为这是一次失败的重组。

本次并购综合征中最严重的病灶就是对乘客的不敬和疏离。1965 年创立之初，美联航便向世人昭示了其著名的口号："飞向友好的天空"。然而随着两家公司的合并，这句广告语代表的服务精神早已在空中消散，仅仅存在于制作精良的机舱广告和航空杂志上。

为了降低成本、增加利润，合并后的美联航不惜以牺牲客户的满意度为代价。为增加乘客数量而经改装后变狭窄的座位，频繁的航班延误和取消航班，不断丢失的行李，都在不停地使乘客失去耐心和忠诚度。

在美国工作期间，由于工作需要，我频繁往返于休斯敦、芝加哥、洛杉矶、波士顿等地以及墨西哥城、多伦多、圣保罗等国际城市之间。在这些地方旅行时除了美联航以外，实在没有太多选择。

即使是对星空联盟的白金卡会员，美联航提供的服务也只有一个词可以形容：冰冷。美联航的空乘人员、柜台人员和行李员，甚至是机场贵宾室的工作人员，在这些决定着客户满意度的关键接触点上，几乎都流露出一种深入骨髓的冷漠。起码在态度冷漠这一点上，美联航做到了一视同仁：不仅仅是对外籍乘客，对待美国本土乘客也是如此。这种状况的出现肯定不是个别员工的问题，一定是公司出现了整体性的大问题。

美联航 CEO 奥斯卡·穆诺兹（Oscar Munoz）在 2015 年上任后做的第一件事就是为美联航在客户服务领域的拙劣表现公开道歉。同时誓言赢回 85 000 名员工的士气和信心，还出言告诫管理层“必须重新审视并购后我们做了什么，哪些努力是有效的，哪些是根本无用的”。然而 2017 年 4 月，再次发生了耸人听闻的“暴力逐客”事件。

并购是一项复杂的系统工程，它涵盖了战略设计、标的筛选、并购时机、交易结构设计、估值、尽职调查、商务谈判、融资方案、并购整合等多个环节，而跨国并购必然涉及的政治因素、经济环境和政策变化、汇率波动、当地社会舆论、工会组织的影响更令海外并购过程充满了不确定性。

从产业投资的角度看，并购战略、尽职调查和整合管理是海外并购最关键的三个核心命题。

力求谋定后动——并购战略

曾经历经近 90 次收购活动的前 IBM 公司的 CEO 郭士纳指出：“如果并

购活动能够和本公司的现有战略之间融合起来，那么并购获得成功的可能性就会最大。那些试图通过并购活动获得一个新的市场地位的企图，以及那些企图将两个很小的公司联合在一起的并购活动，十有八九会以失败告终。

20 年过去了，这些判断依旧闪耀着智慧的光芒。

企业在进行海外并购时需要特别关注“谋定而后动”中的“谋”——必须要有前瞻性、系统性的谋划。并购是手段，不是目的，海外并购应该服务于公司整体战略，不能本末倒置。

谋定而后动，意味着并购战略需要综合考量全球产业趋势、海外目标市场发展规律、收购的业务与自身业务发展的逻辑关系等。企业需要持续开展和长期积累这些方面的研究分析。如果企业平日缺乏充分和系统的战略研究准备，即便有临时到来的大好机会，也不知道如何把握，导致决策时犹豫不决，白白错失良机。

很多中国企业尚未真正建立起战略规划体系，在并购机会来临前没有对目标企业进行长期的跟踪观察，往往是临阵磨枪般做些仓促的调研，缺乏全面、准确、深入的分析。企业的最高决策者在转瞬即逝的并购机会面前，不得不依赖低质量的信息输入，因此往往很难做出科学和高效的决策。低质量的决策还会为并购的后续步骤带来诸多不确定因素，这增加了并购交易失败或并购后整合失败的风险。

产业投资者在进行海外并购时，必须围绕着构筑全球市场的核心竞争力进行布局。

谋定而后动，企业必须将并购战略当作全球发展战略的一个有机组成部分，以清晰的逻辑来寻找海外并购目标，对每笔并购交易如何创造价值有清晰的认识，基于战略导向而非短期套利的交易导向做出并购决策。

有人将海外并购背后的财务投资人称为“猎人”，其特点是更加关注短期的 ROI 投资回报率；而将开展海外并购的产业投资人称为“牧人”，其更加关注海外并购行为能否帮助中国企业提升核心竞争力和创新能力，拓展市场占有率，实现可持续发展。

中国工程机械行业就有这样的一群“牧人”。他们在进行海外并购时看重的不仅是短期的投资回报，还看重海外并购带来的技术资源、市场资源和重塑全球竞争格局的重大机遇。

在这样的战略视野之下，中国工程机械的领军企业推动了一系列具有国际影响力的海外并购。2008 年，中联重科率先并购了当时全球混凝土机械第三大制造商意大利 CIFA 公司。2012 年，三一重工收购了全球混凝土机械第一品牌普茨迈斯特，徐工并购了德国领先混凝土机械制造商施维英。至此，全球混凝土机械领域的三强企业都被中国企业收购，全球混凝土机械的行业格局被彻底改写。

2012，广西柳工出手并购了位于欧洲腹地波兰的 HSW 工程机械事业部，将全球第三大推土机品牌锐斯塔（Dressta）收入囊中，一举成为继美国的卡特彼勒和日本的小松之后，能够生产全系列推土机产品并掌握大型推土机核心技术的世界级推土机制造商之一。

中国企业刚刚完成海外并购就遭遇了全球市场的周期性下滑，承担着极大的经营压力。难能可贵的是，这些企业并没有怨天尤人、轻言放弃，而是表现出强大的战略定力和韧性，经受住长达数年的考验，目前都已实现盈利，企业经营迈上了新台阶，并且在海外业务版图中发挥着日益关键的作用。

通过海外并购进行全球布局的不仅是整机企业。2012 年 9 月，潍柴动力收购了德国凯傲集团（Kion Group）25% 的股份和旗下林德液压公司（Linde Hudraulics）70% 的股份，林德液压是一家全球化的模块化液压系统供应商，是全球高压液压技术的领先者之一，其产品被广泛应用于移动作业领域，包括工程机械、采矿业、农业、林业、市政公用设备，在工业领域也有相应的应用。

液压件相当于人的肌肉，它是将动力从一种形式转变成另一种形式的机械装置。工程机械行业中流传着这样一句话："得液压件者得天下"。然而，全球高端液压技术长期被德国、日本和美国等极少数企业垄断，研制高端液压件正是中国工程机械行业急需突破的重大关键技术之一。

由于担心高端液压技术流失，在潍柴动力收购林德液压时的入股协议中，林德液压坚持加上不许将液压技术带入中国的条款。经过两年的持续努力，2014 年，潍柴动力终于说服林德液压，在中国共同出资建立林德液压（中国）公司，在中国境内制造高品质的液压产品，将"德国品质"与"中国制造"以及"中国服务"相融合。

中国工程机械工业协会的掌舵人祁俊会长在谈及中国工程机械企业的海外并购行动时颇为自豪，他认为，首先，领军企业敢为天下先，挑战高难度，收购欧美高端企业，极大地提升了中国在工程机械行业的地位和竞争力；其次，无论是国有企业还是民营企业，在海外并购活动中都很少见到短视的套利行为，都能立足产业的长远发展，遇到阶段性的困难能够咬紧牙关坚持到底；最后，无论是整机企业还是核心零部件企业，一方面坚持自主创新，另一方面以开放的心态收购海外先进技术，为中国工程机械行业的创新发展赢得了新机遇，开创了新局面。

谋定而后动，还意味着对产业和技术发展趋势有着深刻的洞见并深入研究，避免误入"买了过去，失去未来"的并购陷阱。

以汽车行业为例，拥有百年历史的汽车行业正处于各种新技术、新应用、新模式层出不穷的变革大时代。新能源、智能互联、自动驾驶已成为大势所趋。在中国，越来越多的非传统玩家包括BAT、华为都已进入汽车行业。

在这样的大背景下，全球领先汽车零部件企业正在积极进行资产重组，加速优化资产配置，以继续领导行业发展潮流。博世（Bosch）、德尔福（Delphi）、大陆（Continental）、采埃孚（ZF Friedrichshafen AG）等都忙于分拆出售未来前景不佳的传统业务，转而聚焦于富有高利润和良好前景的领域，并把传统业务的重点交易对象设定为中国的汽车零部件企业。

在这样的环境下，企业只有擦亮双眼，企业才能于纷繁复杂的短期诱惑中看清产业和技术的发展趋势，清醒地做出决策，避免只看眼前，不看未来，只见局部，不看整体，只见树木，不见森林。

练就火眼金睛——尽职调查

尽职调查是指由收购方对目标企业的经营数据、资产状况、人力资源、市场环境、技术能力、法律风险等方面进行全面的审核，以便全面、深入地了解目标企业的情况。

毫无疑问，尽职调查需要严谨、深入，而海外并购对尽职调查的专业程度要求更高。

全球工程机械行业领军者卡特彼勒多次发起过海外并购。2010年，卡特彼勒顺利完成了以86亿美元鲸吞全球矿用机械巨头比塞洛斯（Bucyrus）的惊世并购。2012年6月，卡特彼勒以50亿港币收购年代煤机公司（ERA Mining Machinery）。6个月后，卡特彼勒发现年代煤机的子公司存在财务造假问题，由此卡特彼勒损失了5.8亿美元。

尽职调查（Due Diligence）可以分为以下八种：商业尽职调查、法务尽职调查、财务尽职调查、税务尽职调查、知识产权尽职调查、人事劳务尽职调查、环境尽职调查、IT 尽职调查。

近几年，中国企业越来越适应国际市场规则，也越来越重视各种尽职调查。一般而言，中国企业都会聘请专业的会计师事务所、咨询顾问、律师事务所等机构开展调查。

需要注意的是，企业聘请外部专业机构做了尽职调查，并不能保证不会产生重大风险。外聘专业机构从事尽职调查并不意味着企业的决策层可以袖手旁观，并想根据“呈上来”的调查报告做最终决定就好。

其中的原因有两个：第一个是尽职调查的时间往往比较短，调查的结果往往也是由对方提供的；第二个原因是外部专业机构的从业人员在能力和职业精神方面存在差异。

要解决这个问题，开展并购的企业需要做出两方面的努力。

第一，要提高内部人员的专业能力。无论外部机构有多专业，即使外部专业人士提供了专业的视点，如果内部人员没有足够的专业知识和经验，也难以正确判断和处理。

第二，企业除了研究被并购企业的法律条文、财务报表、估值等书面资料之外，一定要到被并购企业的现场进行实地考察。有经验的业内人士看一下企业的现场，就可以大致判断出该企业的管理水平和质量水准。例如，日本企业界极其强调“三现主义”，即“现场、现物、现实”。书面资料或财务报表无法反映现场情况。

尽职调查不仅是一项例行的并购前检查，也往往是并购后整合和运营的起点。尽职调查是并购方第一次有机会全方位、近距离地对目标公司的管理层、股东、员工、工会等组织进行深度了解和观察，因而并购方应该尽可能创造条件，更加深入地参与尽职调查环节。

破解“七七”魔咒——整合管理

在涉及并购的所有步骤当中，如果一定要挑选一个最关键的环节，当属业内公认的并购后的整合管理（Post-merger Integration，PMI）。

并购后整合是指企业在并购之后，对双方资源的重新整合，建立能实现并购价值的系统工程。

在成功的并购中，并购方在并购前就要系统地考虑并购后应加以管理的各个环节。在交易完成后，管理团队需要尽快建立有效的管理机制，从政策、市场、管理、资金等多个角度，深入洞察被收购方的内部管理问题，制订详细的经营计划，直接或间接地参与被收购方的运营过程。

一部分中国企业的投后管理意识薄弱，或是受限于自身能力不足，或是战略重视度不够，这些企业往往会重视并购忽视整合。

还有一部分企业，由于缺少科学的管理方法，再加上在技术、品牌知名度、历史积淀方面较弱，不得不放弃或至少在短时间内放弃对被并购企业的运营管理权。有时收购方还要满足被收购方的诸如人员不能裁、工资不能减、管理制度不能改的要求。

企业在实行海外并购后进行整合时的困难来自陌生的商业环境、缺乏成熟的国际业务管理人员以及巨大的文化差异等方面。

关于并购的研究有一个著名的 70% 定律：70% 的并购不能达到预期目标，而达不成目标的 70% 的原因来自并购整合不力。

也就是说，企业历经“九九八十一难”终于达成并购交易后，庆功宴会的喧嚣散尽之际，真正的考验才刚刚开始。

广西柳工并购波兰 HSW 集团工程机械事业部之后，需要整合的业务和组织覆盖欧洲、北美、亚太地区，整合内容包括市场、财务、技术、采购、组织、人力、IT 等业务链的全部环节。我曾深度参与和领导并购整合过程，历经 3 个寒暑，深刻体会到海外并购的整合之难、之痛，也品尝到历尽苦难后的满足和喜悦。

制定整合策略和计划

在一次成功的并购整合的过程中，企业必须将整合的思想贯穿于整个并购过程，并在并购交易期间就着手考虑整合策略。

项目整合团队需要尽早参与并购实施及项目规划过程，以防止并购和整合的过程脱节。整合小组和运营的团队最好能够和并购实施团队的成员有交集，以确保项目的顺利交接和整合策略的有效实施。

项目整合团队在制订整合计划时需要根据任务的优先次序突出重点、明确关键节点，并设定清晰的关键绩效目标。

有了计划和目标之后，项目整合团队需要密切跟踪、定期回顾检视项目推进的进度。战略目标和财务目标的达成情况是团队的核心关注点。团队既要关注短期财务指标的达成情况，也不能忽视长期战略目标的进度。如有重大偏差，团队需要立即采取有力手段进行纠偏。

高效的决策机制

整合过程中，企业需要对大量事务快速做出决定，必须建立精简、高效的决策机构和机制。在柳工并购 HSW 的案例中，为了满足当地的法律合规性要求并符合总部公司治理结构的要求，柳工建立了规范的子公司董事会（即最高决策机构），并每隔 3 个月组织一次子公司董事会议。

与此同时，三个月开展一次的董事会显然无法帮企业对各种问题快速做出决策，尤其是涉及市场营销和人员调整等方面的问题，因为这些问题需要决策者快速做出反应，随时决断。根据形势需要，柳工设立了由包括总部最高决策者在内的三人决策机构，身处一线的整合负责人可随时与总部最高决策者保持沟通，保证紧急事务能够及时被传递给最高决策者，进而使最高决策者能够以最快速度做出恰当的决策。

保留客户

并购整合过程中最直接的风险就是关键渠道、客户和供应商的流失。上下游合作伙伴和客户对长期合作伙伴被并购的“恐慌”远远超出对“新股东和管理层的承诺”的期待。很多中国企业进行海外并购的初期，都遭遇了信息混乱、伙伴观望、客户流失的问题。

客户绝不希望仅仅从媒体上获得关于并购的消息，他们希望获得新的股东、新的管理层的重视和尊重，希望能够与新公司建立相互信任的关系。整合团队必须在第一时间针对整合后的业务发展战略和对合作伙伴的利益保障政策问题与合作伙伴进行充分的沟通，并采取强有力的措施保证客户服务水平不会在并购的动荡期被忽视，否则流失合作伙伴和客户是必然的结果。

一家中国企业在对欧洲企业进行并购后，若想留住原有的欧美客户是一件很困难的事。柳工 HSW 整合团队所做的第一件事就是实地拜访遍布全球的近百家核心代理商和关键客户，力求业务的持续稳定。团队所做的第二件事是花费了约两年时间，基本完成了对全部原有销售渠道和现有销售渠道的对比、评估考核和优胜劣汰，率先实现了销售渠道的协同效应。

打造稳定经营团队

人永远是最重要的因素，也是最敏感的因素，如果企业无法正确处理人事问题，就会承担巨大损失。有研究表明，在并购后的一年之内，被并购企业的高管流失率高达 25%，这一数字充分反映了被并购企业高管对并购的担忧，以及其可能带来的棘手的公司人事问题。

如何赢得被并购企业员工的支持和信任？这是一个世界级的管理难题。

人永远是最复杂和敏感的要素，莫论中外。如果激励得当，人也是创造价值的最大来源。走出海外，中国企业要逐渐学会如何为员工赋能，而不是采用支配式管理方式。

企业很难指望经历了剧烈变革和受到心理冲击的被收购员工还能每天兴高采烈地去上班。但是并购方绝不能放弃赢得人心。无论如何，尊重员工、激发员工的自身活力都是并购企业的永恒追求。

并购之初，很可能会出现员工比较怠工的情况。供职多年的公司被出售，个人前途未卜，员工心中当然五味杂陈。越是核心员工越会忧虑自己是否会被重用，越是有能力的员工会越迫切地寻找“下家”，不难想象，竞争对手也会抓住机会频频抛出橄榄枝。

整合团队有必要列出关键员工的名单，由整合团队的核心负责人出面与名单上的人员进行一对一的深度沟通。一次沟通往往不够，负责人需要持续、真诚地与员工沟通，以了解员工的关注点并给予积极的反馈。在逐步建立彼此信任的关系之后，被收购方的管理人员甚至能主动反馈当前组织中存在的问题，提出积极的变革方案。

优化组织结构

对一家有 75 年历史的欧洲企业进行组织结构的优化是另一大挑战。整合之初，为了避免组织大幅变动，稳定军心，整合团队制定了先削减分支机构，后消肿总部机构；先合并营销职能，后整合支持职能的组织结构调整策略。

尊重文化差异

中国企业跨国并购的一大核心挑战在于如何适应东道国的文化，作一个受人尊重的世界企业。

柳工并购 HSW 的特别之处在于，首先，波兰的国民文化具有渴望受人尊敬又异常敏感的特点；其次，虽然被并购企业在欧洲，但是其分支机构和合作伙伴遍布全球，并购企业不仅要适应公司所在国的文化，还要面对全球不同地区的文化差异；最后，整合领导团队当中不仅有中国管理层，还有美籍高管参与，整合团队内部也有一个相互理解文化差异的问题。

一个例子可以说明文化尊重的重要程度。在并购双方刚刚开始接触的时候，发生了波兰总统在俄罗斯坠机这样令全世界震惊的悲剧事件，一时间波兰陷于举国哀痛的氛围之中。这个时候，是按照原定计划继续访问波兰还是延期访问成了一个不小的问题。与波兰进行沟通后，柳工代表团如期访问波兰。代表团首先集体来到了波兰总统府前献花悼念，这一良好姿态被波兰视为极大的尊重和信任，为双方的顺利合作开了一个好头。

管理汇率风险

众所周知，汇率波动可能对海外并购的实际成本造成巨大影响，因此所有的企业在进行海外投资时都会对汇率的变化趋势进行充分研究。而有些企业在并购前非常重视对汇率的分析和研究，但并购之后对汇率的关注度会有所降低。实际上当企业完成并购进入整合阶段后，企业的海外运营必然会带来以外币计量的债权债务以及海外融资需求，此时的汇率波动风险较并购前对企业的影响更大。如果企业不关注整合期的汇率变化并缺乏必要的风险规避手段，可能会面临意料之外的巨额汇兑损失。

如果企业在美元汇率如处于上行通道期以美元贷款的方式进行并购融资的话，很可能会在其后的经营期造成意想不到的汇兑损失，影响整合的财务结果。

因此企业在境外融资时需要综合考虑不同币种之间的贷款利率和汇率波

动风险，在配置上需要注意尽量做到外汇债权债务的平衡或通过配置不同的外汇资产以分散汇兑风险。

保持战略耐心

企业在动荡的年代开展海外并购需要面对多种不确定性，必须把困难估计得更充分，必须多问自己几个“如果……怎么办”，例如如果海外市场需求长期复苏乏力怎么办、如果中国本土市场持续疲弱怎么办、如果汇率变化对财务结果产生重大负面影响怎么办、如果不良资产的消化速度落后于计划怎么办、如果期待中的协同效应未能如期发生怎么办、如果关键人员流失怎么办、如果财务改善指标大幅落后于原定计划怎么办、如果现金流难以为继怎么办，等等。一个终极问题就是：整合不力最坏的情形是什么？如果最坏的情形发生，企业能否承受？承受的底线在哪里？

总之一句话，把困难估计得充分些、再充分些。开展海外并购业务不仅是对企业的战略眼光的考验，也是对战略耐心和战略定力的巨大考验。企业的高层领导者需要做好充分的思想准备。

企业在进行海外并购整合时必须把握好“加减乘除”四字决。所谓加：就是增加收入、销售网络、客户群体；所谓减：就是减少重叠的职能、人员、设施，消化不良资产；所谓乘就是技术、产品线、IT 网络等关键要素实现协同，力求实现乘数效应，提高运营效率；所谓除就是除弊兴利，去除消极文化，导入统一的企业文化，为并购后的企业持续注入正能量，焕发勃勃生机。

世间自有公道，付出总有回报。历经了无数的磕磕绊绊之后，柳工并购 HSW 集团工程机械事业部的项目得到了波兰政府、本地社区乃至工会、员工的高度认同和赞誉。并购三年后波兰政府授予柳工 Dressta 公司年度最佳中国投资者大奖，同时获得德国、美国、韩国投资者大奖的分别是大众、亚马逊和 LG，而后柳工又相继获得了波兰政府颁发的“FDI 波兰中国最佳投资者”“波兰全国最佳雇主”等荣誉。

•＊•＊•

作者手记

作为中国企业海外并购整合的亲历者，我深深感到海外并购为中国企业提供了难得的海外跨越式发展机遇，但其中也蕴含着较大的风险和挑战，企业需要理性对待。

以成熟的心态树立底线思维

由于海外并购具有不确定性，交易前企业相关人员主观假设的种种乐观场景往往难以如期发生，而事前难以预料的不测事件可能会一件不落地接踵而至，一旦这些因素叠加在一起，会令整个并购整合过程变得风险丛生。

2008 年，美国次贷危机引发的全球金融危机就给全球工程机械行业带来了毁灭性的冲击，时任全球第二大工程机械企业日本小松株式会社社长的坂根正弘（Sakane Masahiro）先生做过一段经典的表述：“感觉我就像坐在正在做加速运动的列车，前方突然冒出一条全黑的隧道，在完全没有思想准备的情况下列车一下子就冲了进去，我不仅完全看不到隧道的尽头，甚至连自己正在奔向哪个方向都无从判断。”

2012 年是中国工程机械企业的海外并购大年，从这一年开始，全球基础设施行业开始进入了持续数年的下行期。广西柳工对波兰 HSW 工程机械事业部的并购项目也未能幸免。当海外并购的整合关键期遇上了长达数年的全球市场冰封期时，经营管理的难度可想而知，我就深切地体会到了坂根正弘先生所说的在黑暗隧道中驾驭失控列车的感受。

有足够的财力收购海外企业还不够，还要有能力管理好被并购的企业，有能力处理好并购过程中的种种意外状况，才能变物理反应为化学反应，有机融合发挥协同效应，这正是中国企业成长为成熟型跨国公司的必修课。

学习掌握海外并购整合的规律

研究表明，连续并购者更容易取得成功。对于任何企业而言，第一次海外并购都是风险最高的一次，而之后的并购成功率会较高。关于收购整合，欧美企业信奉速战速决的整合模式，以期尽早节约成本，尽快转向单一运营模式。因此，速度快和果断是西方式并购整合的典型特征。

与欧美企业相比，大部分中国企业处于海外并购的初期阶段，在整合规划上，中国企业不妨适当延长整合时间，给最高决策层和一线管理层留出一定的学习时间和容错空间。由此，也许中国企业在整合过程中会更加从容不迫。

吉利汽车并购 Volvo 汽车的初期，李书福董事长明确表示："吉利是吉利，Volvo 是 Volvo"。而经过 7 年时间的磨合之后，双方在战略协同、研发协同、平台协同和全球产能协同各方面越发得心应手，成为中国企业海外并购成功整合的典范。

"高铁出海"的领军者中国中车集团在过去十余年间多次进行海外并购。由于历史原因，海外并购多是由国际化程度最高的中车株洲所等子公司发起实施的。近期中车集团对海外并购管理机构进行了重组，在集团层面设立了海外并购办公室，旨在优化管理层，对子公司的海外资产、技术、人才、市场等资源进行协同，并有序推进对近百家海外机构的整合。

由此可见，海外并购的整合模式并非一成不变，企业可以采取循序渐进、动态优化的方式，最终达到深度协同的目的，从全球市场的超级买家成为收购企业的真正主人。

理性地看待国外投资环境的变化

受全球贸易动荡的影响，2017 年以来，中国海外投资持续降温，尤其对美、欧的投资总额显著减少。外部投资环境严峻，海外并购难度加大，企业投资行为更加理性，海外投资并购进入了阶段性的低谷期。

但我们要看到中国坚持“对外开放”的战略没有改变，开放的决心和力度空前，中资企业通过海外投资提升国际竞争力的内生需求仍然迫切，利用跨境并购实现转型升级的初心没有改变。

与美国、日本、欧洲等国相比，中国企业海外并购占 GDP 总值的占比还非常低，未来海外并购还有很长的路要走，对此我们要充满信心。

第九章

激流险滩

——全球化的风险管理

无论在什么样的领域里，如金融、健康、天气或决策和商业等，我们必须建立一个体系来保护自己，以防做出错误的决定。

——米歇尔·渥克（Michele Wucker）

风险管理学者纳西姆·尼古拉斯·塔勒布（Nassim Nicholas Taleb）的《黑天鹅：如何应对不可预知的未来》（*The Black Swan*：*The Impact of the Highly Improbable*）一书，让公众知晓了“黑天鹅”一词。

“黑天鹅”指小概率而影响巨大的事件，就像17世纪的欧洲人认为世界上的天鹅都是白的，直到澳大利亚黑天鹅出现的时候为止。随着第一只黑天鹅的出现，这个不可动摇的信念被打破了。黑天鹅代表着不可预测的重大稀有事件，它在人们的意料之外，却又改变着一切。人类总是过度相信经验，而不知道一只黑天鹅的出现就足以颠覆一切。

一般来说，“黑天鹅”事件满足以下三个特点：

第一，具有意外性；第二，产生重大影响；第三，虽然具有意外性，但人的本性促使我们在事后为它的发生编造理由，并且或多或少认为它是可解释和可预测的。

2001年发生的“9·11”事件，2007年发生的美国次贷危机，以及2016年发生的英国脱欧，都是典型的“黑天鹅”事件。

2017年，古根海姆学者奖获得者米歇尔·渥克撰写的《灰犀牛：如何应对大概率危机》（*The Gray Rhiono*：*How to Recognize and Act on the Obvious*

Dangers We Ignore）一书，又让世界认识了什么是“灰犀牛”。

与“黑天鹅”相比，“灰犀牛”指的是大概率且影响巨大的潜在危机，是一种太普通以至于人们习以为常的风险。

灰犀牛体型笨重、反应迟缓，你能看见它在远处，你却毫不在意，一旦它向你狂奔而来，定会让你猝不及防，直接被扑倒在地。它并不神秘，却更危险。很多危机事件，与其说是“黑天鹅”，其实更像是“灰犀牛”，在爆发前已有迹象显现，但却容易被忽视。近年来，“灰犀牛”在全球各地各个领域不断上演。

有学者认为，触发本轮民粹主义崛起和全球化逆潮的深层次问题——不平等问题，就是典型的“灰犀牛事件”。这一问题由来已久，在爆发前已有迹象显现，却一直没有引起足够重视。直到金融危机爆发之后，世界经济特别是发达经济体复苏持续疲软，中产阶层和贫民阶层生活持续恶化，贫富差距扩大，最终成为触发一系列“黑天鹅”事件的诱因之一。

顺应“走出去”战略和“一带一路”倡议的深化与发展，越来越多中资企业谋求海外发展，取得了累累硕果，让国际社会对中国刮目相看。

与国内相比，海外的投资活动风险因素更多，加之近期外部环境错综复杂，依稀可见的“灰犀牛事件”和不可预见的“黑天鹅事件”都有可能爆发，有效管控海外风险已经成为每个“走出去”的企业必须直面的切实问题。

宏观风险：“黑天鹅”与“灰犀牛”

政治风险

政治风险是指所在国的政治生态变化对企业在海外经营活动中造成的风

险。诱发政治风险的因素包括军事政变、体制转型、政权变更、政策调整、地区冲突、内战、民族和宗教纷争等。政治风险直接影响企业海外投资的整体安危，它是各类风险中最具威胁性的，也是最难防范的。

政治风险包括战略竞争风险、政策变动风险、歧视性干预风险以及制裁风险等。

战略竞争风险。战略竞争风险一般是指国家之间围绕全球性、地缘性战略问题和在经济、科技、文化等多个领域进行全方位激烈博弈，加剧区域地缘冲突，恶化地缘政治关系，加剧所在国内部政治冲突，使区域和国家面临的整体风险显著增加，进而影响企业投资环境，跨国经营企业常常遭受风险。

政策变动风险。政策变动风险是指所在国政策有所变动而给外国投资企业造成的不利影响。所在国政权的更迭是引发政策变动风险的主要原因之一。新的当政者会为了兑现竞选时做出的承诺或国内政治需要，或者由于认为外国企业或项目存在明显不利于本国利益的情势，从而在政策上有意做出重大调整。

2018 年 7 月，马来西亚新政府执政后，一度宣布暂停由中国企业投资承建的马来西亚东海岸铁路项目。后经中马双方密切沟通、反复协商（先后经历了重新审查、停工、搁置、重新谈判、削减成本等曲折过程）2019 年 4 月，中马双方同意重启东马铁路项目。

歧视性干预风险。歧视性干预风险是指所在国非正常地使用本国政策、法律而给跨国经营企业造成的不利影响。

制裁风险。制裁风险是指由于国际组织或某个国家对所在国采取封锁、禁运、贸易限制等制裁措施，甚至发动直接战争而使跨国经营企业承担重大损失。

经济风险

经济风险是指驻在国经济与市场体系脆弱，容易引起经济波动、物价不稳、汇率与利率大幅波动等不利局面，给海外经营造成损失。

21 世纪初，新兴市场的崛起是最令人瞩目的经济现象之一。2001 年，美国高盛公司首席经济师吉姆·奥尼尔（Jim O'Neill）首次提出“金砖四国”这一概念，特指世界新兴市场。“金砖国家”（BRICS）包括巴西、俄罗斯、印度、中国和南非的英文首字母，因而这五个国家被称为“金砖国家”。新兴市场还包括以土耳其、墨西哥、印度尼西亚等国家为代表的新生力量。

然而，继 2008 年爆发的全球金融危机之后，受制于自身经济特点与发展模式的内在缺陷，以及国际经济政治体系结构的深刻影响，多个新兴国家陷入经济增长困境，面临汇率波动、外债高企等风险。

法律风险

中国企业境外开展经营和投资行为面临严峻的法律风险。不同国家和地区对外国直接投资的政策要求与法律制度各不相同，这造成中国企业在“走出去”的过程中，面临较大的法律风险。中国企业在菲律宾、赞比亚以及加蓬等国家都出现过因法律诉讼导致无法顺利推进项目的情况。

中国企业境外投资最常见的法律风险如下所示。

不了解海外法律环境。中国企业往往被投资项目的商业机会所吸引，快速做出投资决定，但未充分考虑投资所在国的法律环境，进而可能埋下了法律风险的种子。

中国某矿业公司被刚果丰富的铜、钴、黄金等矿产资源所吸引做出投资决策，而未对刚果的投资环境尤其是法律环境进行充分了解，等到发现开采出来的原矿必须经过一定程度的加工才能出口时，为时已晚。

缺乏深度尽职调查。少数中国企业轻易听信项目合作方的陈述，不做深入的尽职调查，就做出了投资决策。

在类似情况下，一些潜在法律风险如被收购资产的合法性以及权属问题，目标公司存在的巨大的隐藏债务或诉讼风险就会随之产生。

避开境内主管部门的审批。根据国内的法律，中国企业进行境外投资时必须通过相关部门如国家发改委、商务部的审批，并在国家外汇管理局备案。根据投资企业情况和投资领域的情况，企业需要将一些项目报备国资委、国土资源部等相关部门。但由于审批程序耗时较长，国内一些企业急于拿海外项目，往往会避开境内主管部门的审批，直接用境外的资金开展投资。

安全风险

安全风险是指海外发生的社会治安动乱、罢工等事件，以及抢劫、绑架等暴力犯罪事件给驻外企业及其员工造成的风险与财产或人身损失。

恐怖主义是海外中资企业可能面临的一大风险要素。部分地区不仅局势动荡，同时还存在恐怖主义的巨大威胁。

非洲部分地区的卫生健康问题日益受到关注，赴非洲投资的中国企业越来越多。虽然，非洲的整体卫生健康条件有所改善，但是，大部分地区仍然面临像疟疾、埃博拉疾病之类的卫生健康问题。世卫组织的“2017 年世界疟疾报告”显示，15 个国家的疟疾疫情最严重，死亡人数占全球疟疾病例数和死亡人数的 80%，其中 14 个国家位于非洲。

环境风险

环境保护的理念已经在全球范围内深入人心。在复杂的国际形势和高涨的环保浪潮的影响下环保法律风险比其他风险更容易吸引公众的注意和被媒体报道。一旦发生环保事件，公司就会受到来自东道国政府、民众、非政府组织的多重压力，公司形象不可避免地会严重受损。

墨西哥湾位于北美洲大陆东南沿海水域，因濒临墨西哥而得名。2010 年 4 月 20 日，英国石油公司在美国墨西哥湾租用的钻井平台“深水地平线”发生爆炸，导致大量石油泄漏。美国路易斯安那州超过 160 千米的海岸受到泄漏原油的污染，墨西哥湾沿岸生态环境遭遇“灭顶之灾”，污染可能会导致墨西哥湾沿岸超过 1 600 千米长的湿地和海滩被毁，渔业受损，脆弱的物种灭绝。

2015 年 10 月，美国联邦法院新奥尔良地方法院判决，认定英国石油公司在 2010 年的墨西哥湾深水地平线钻井平台爆炸及原油泄漏事故中有“重大疏忽”，最终处以 208 亿美元的罚款。

2011 年 11 月 8 日，美国雪佛龙石油公司巴西公司位于巴西里约热内卢东北部附近的一口油井出现漏油。漏油情况被发现的仅 10 天后联邦检察院就对雪佛龙提起了民事诉讼。随后，巴西环境协会以“破坏环境”为由开出了约合 2 750 万美元的罚单。接下来，巴西石油管理署宣布暂停雪佛龙在巴西的石油勘探开发许可。停止开发后，雪佛龙公司的损失将达到数十亿美元。

虽然雪佛龙公司在巴西造成的漏油面积远远不及墨西哥漏油事件的面积，但由于巴西媒体连篇累牍的追踪报道，政府决策、企业表态和各方言论都在媒体上迅速发酵，雪佛龙在巴西的企业形象瞬间坍塌。

在世界范围内，对环保侵权责任的处罚和赔偿不设上限已经成为大势所趋。1989 年 3 月，美国埃克森公司的“瓦尔迪兹”号巨型油轮在阿拉斯加州美、加交界的威廉王子湾附近触礁，造成灾难性海洋污染，埃克森公司为此赔付38亿美元。2010年4月，BP公司墨西哥湾钻井平台发生石油泄漏事故，导致11人丧生，490万桶原油泄漏，BP为此支付的各项罚金及赔偿金约为300亿美元。如何应对环境保护风险，是每个开展海外投资的企业需要认真研究的课题。

业务风险：荆棘与陷阱

海外信用风险

2019年7月，长城汽车发布了一份公告，披露了5年前与俄罗斯代理商的一起商业纠纷。

2014年由于经济制裁，俄罗斯卢布贬值，自2014年10月开始，俄罗斯经销商伊利托集团无法按时向长城汽车支付车款，涉及金额为4 844万美元（约合3.32亿元人民币），长城汽车于2015年10月提起诉讼，要求伊利托集团旗下的IMS有限责任公司偿付应付款项。

经多轮庭审及仲裁，由于IMS有限责任公司申请破产，法院判决驳回长城汽车（部分）诉讼请求，2018年7月长城汽车再次提出上诉。

早在2008年，长城汽车选择了俄罗斯当地汽车经销商“伊利托集团”作为合作伙伴，长城汽车负责提供进口供应汽车零部件，后者负责在俄罗斯本土组装和销售长城品牌汽车。有数据显示，伊利托集团为长城汽车累计销售了共计7.6万辆汽车。

2014年，长城汽车与伊利托集团的合作出现重大变故，长城汽车为了维护自身权益，向对方发起诉讼。

与经销商的纠纷没有让长城汽车从俄罗斯市场退却，从2014年开始，长城汽车在俄罗斯改变了业务模式，自主投资成立哈弗汽车俄罗斯有限公司，负责当地市场的汽车和汽车零部件的销售，以及售后服务。

2019 年 6 月 5 日长城汽车俄罗斯图拉工厂建成投产，该项目总投资额的 5 亿美元，首款投产的车型哈弗 F7 已下线并由俄罗斯经销商进行销售。长城汽车俄罗斯图拉工厂在未来还将生产哈弗 F7x、哈弗 H9 等车型。

长城汽车董事长魏建军坚定地表示，长城汽车的全球化战略不会改变，他说："中国汽车企业不走国际化道路一定会死在中国。"

2019 年上半年，巴西圣保罗州一所法院批准了建筑业巨头奥德布雷希特（Odebrecht）公司的破产保护申请，该法院发表声明称，奥德布雷希特公司需在 60 天内将破产重组方案提交法院，并着手重组约 130 亿美元的债务，其债权人包括巴西银行、巴西联邦储蓄银行、巴西国家经济社会发展银行及数家私营银行等，这代表着一个曾经纵横拉美的建筑商业帝国最终崩塌。

就在 5 年前，奥德布雷希特公司还是一家业务项目横跨全球 20 多个国家，项目数量占巴西整个海外市场项目数量的四分之三的商业巨擘。这家成立于 1944 年的老牌企业的 44% 的收入和 70% 的建筑合同来自海外，年均收入超过 1 000 亿雷亚尔（当时约合 2 000 亿元人民币）。

知识产权风险

长期以来，知识产权风险是中国企业走向海外时不容忽视的一大风险要素。

中国企业面临的海外知识产权风险主要有以下几种。

遭遇知识产权壁垒。知识产权壁垒是指产品进口国通过高标准的知识产权要求增加产品进口的难度或成本。数据显示，中国 60% 的出口企业遭遇过国外知识产权壁垒，每年损失达 170 亿美元。知识产权壁垒的典型形式是将进口国企业所拥有的高水平技术纳入标准的范围，使进口产品难以达到相关标准或为达到标准出口企业不得不向进口国的专利拥有者支付高昂的使用费。

自身知识产权遭受侵害。主要是我国出口产品的商标被当地企业抢先申请注册，出口产品涉及的技术成果被当地企业抢先申请专利。

中国一些出口企业近些年积极地在进口国申请相关知识产权，但这种行动却往往受到当地企业的恶意阻挠。例如，在高铁技术申请专利时，竞争对手会以公知技术、在先技术等名义，通过专利异议、专利无效方式，阻止本国专利审查部门对我国企业的专利申请进行授权。

跨境并购中的知识产权风险有三种。一是知识产权价值评估风险。企业在进行并购时往往会先确定知识产权价值评估的基准日，但是，并购谈判时间经常很长，企业在实际获得知识产权时的价值可能与基准日的价格有较大偏差，中国企业在并购时为相关知识产权所支付的金额很可能远高于其实际价值。二是企业所获的知识产权质量低的风险。一些企业在并购中所获知识产权的价值或质量要比预期低得多。三是知识产权权属不确定的风险，有时处于被收购企业控制或与其业务关联的知识产权可能是个假象，其实际上归其他企业。

劳动用工风险

中国企业外派人员和海外雇用人员的数量不断增加，如何有效防范劳务风险也是企业必须面对的一个重要课题。

东道国劳工配额和劳务政策的风险。许多中国企业在海外开展工程承包或投资项目，通常情况下，东道国会根据项目或投资的规模，给予中国企业一定的外籍劳务配额。但是，由于本国就业的压力，很多国家对外籍工作人员的数量有严格限制，而控制外籍人员数量的手段就是施行劳工配额政策。项目东道国可以通过调整劳工配额政策，限制外籍工作人员的数量。

东道国工会风险。在部分国家，工会的力量十分强大，并且法律保护工会组织工人罢工的权利，工会在一定程度上就是强大的政治力量。

美国前总统奥巴马通过参与投资制作、奈飞公司制作发行的纪录片《美国工厂》（*Ameran Factory*）记录了来自中国的福耀玻璃在美国投资的故事。

2008 年，经济危机席卷美国，通用公司位于俄亥俄州代顿市的工厂入不敷出，遣散关闭。一万多名员工被迫下岗，失去工作。

2014 年，曹德旺和他的福耀玻璃接手这座废弃的厂房，准备投资改建，并从当地招募了近千余名员工。福耀玻璃的到来，让代顿市的人民重拾信心和希望，福耀玻璃也被视为挽救当地经济和就业的救星。

然而开业后不久，全美汽车工人联合会（UAW）就开始谋划在福耀工厂成立工会，一旦成立工会，就意味着工厂的工人与管理层的正常沟通都要通过工会来实现，这将严重影响劳动效率。福耀玻璃不得不花费上百万美元聘请了专门的反工会咨询机构 LRI，在决定是否成立工会的投票中战胜了对方，才阻止了全美汽车工人联合会在福耀工厂成立工会的行为。

罢工风险。罢工风险是对外投资企业面临的劳务风险之一。引起罢工的原因可能包括工人对工资福利待遇的不满、对公司规章制度的不满等。部分国家的工人甚至习惯通过罢工来争取更多的利益和表达诉求。罢工一旦发生，将对企业的正常经营造成重大影响，东道国政府部门往往也会支持本国工人，最终也通常是以中国企业满足罢工工人的诉求收场的。

中国企业无序竞争的风险

在“走出去”的大潮中，在一定程度上还存在中国企业内部无序竞争的现象，极少数企业把国内市场的恶性竞争模式带到了海外，这值得反思。

在工程承包领域，在非洲、拉美、东南亚的基础设施领域的电站、大坝以及公路和铁路等项目上，有时会出现几家中国企业同时竞标的现象，有的企业为了拿到订单，不顾成本，不断降价。

在制造行业，少部分企业只重视短期业绩，忽视了长期的市场培育和建设；只注重销量数据，忽视了售后服务、客户满意度和可持续发展。

由于历史原因，一些大型企业由不同的企业合并而成，这是中国企业界颇为独特的现象。在一些这样的大型企业中，也一度存在着内部子企业之间在海外相互竞争的问题。在这方面，中国电建、中国中车集团总部加强了对内部的管理和规范，做出了很好的表率。

中国电建面对下属企业众多，海外业务能力参差不齐的局面，提出“不许披头散发走向海外”的海外业务管理原则，坚决擦亮全球市场上中国电建的品牌。

中国高铁是代表中国制造“走出去”的最亮丽的名片之一，中国中车是代表中国高铁“走出去”的当之无愧的领军企业，在海外市场取得了不凡的业绩，近年来，中国中车旗下的几家优秀的子公司相继突破并进入难度最大的北美市场。

2016 年，中车四方股份公司赢得芝加哥 CTA7000 系地铁车辆采购项目，合同总金额达到 13 亿美元。这不仅是美国地铁历史上最大的车辆采购项目，也创下了中国向发达国家出口地铁车辆最多的纪录。

2014 年 10 月和 2017 年 1 月，中车长客先后两次中标美国波士顿红线和橙线地铁列车采购项目，项目价值超过 8 亿美元。

2017 年 5 月，中车唐山公司获得价值 1.375 亿美元的费城双层车订单，不锈钢双层车产品首次被出口北美干线铁路市场。

2019 年 8 月，首列由中国中车制造的全新 6 车编组橙线列车正式在波士顿地铁投入运营。

由于中车集团是由南车、北车合并而成的，并且子企业较多，因此其内部一度存在企业之间缺乏合力、全球资源配备不均衡，甚至低价竞争的现象。

2019 年中国中车集团对旗下机车、客车、货车和城轨板块主机厂就海外市场进行划分，筛选出包括中车株洲所、四方股份、长客股份、唐山公司、大连机车等 17 家实力强、业绩好、海外市场经验丰富的主机厂作为进军海外市场的主力军，有效化解了这一难题。

在当前全球政治经济环境动荡不安的大背景之下，海外出现了一些新型风险，值得中国企业高度警惕。

供应链风险

产业链的一体化、供应链的相互交错、价值链各方面的利益融合是推动全球化的重要动力，也将是抵御各种风险的“杀手锏”。

过去几十年，供应链是全球化的核心机制，原材料、零部件在被纳入成品之前通过供应链穿过多条国境线。

全球化供应链的核心在于，多个企业通过“协作生产”的方式提高效率、降低成本。而供应链越长，也意味着时间和空间跨度越大，管理越复杂，也意味着更高的风险。

就风险而言，目前大多数跨国企业都不知道二级以下的供应商是谁。有一个广为流传的案例：2011 年日本海啸之后，一家全球半导体巨头曾试图确定第三、第四层级供应商给自己带来的风险，但 100 多名高管花了一年多的时间，才弄清楚自家庞大的供应商网络中到底有哪些公司。

当前，全球产业链的大体格局是以北美和欧洲为主要市场，以中国、越南、马来西亚、印度尼西亚等亚洲国家为主要制造基地，以中东、南美、非洲、俄罗斯和澳大利亚等为主要资源供给地。

而在不同的行业中，全球供应链呈现出不同的细分模式。服装行业在全球范围内自由发展；汽车行业正在围绕区域中心进行合并；而电子行业依然根植于中国。

服装和制造业中有很大一部分涉及缝纫等劳动密集型任务，因而注重成本的老板总会追逐低成本市场。许多公司在很久以前就离开了工资增幅较大的中国大陆，从早期的东南亚和孟加拉国，到近期的非洲埃塞俄比亚。

汽车行业的供应链既具有本地性，又有全球性，其分布式的全球供应链成型已久。三个中心辐射网络显示了极强的区域化趋势：美国的低成本分支是墨西哥；西欧的低成本中心是东欧和摩洛哥；亚洲则是东南亚和中国。

电子行业中，我国拥有世界上一半的电子制造能力。我国在电子行业所具有的优势不仅仅是规模巨大，还有产品的多样性和成熟度。

即使是硅谷也无法媲美中国珠三角的硬件创新速度，以及它在规模和敏捷性上的独特融合。这就是世界上大多数技术巨头都在中国生产设备的原因。

产业跨国转移难度大、时间长。对跨国公司而言，重置产业链的成本较高。企业在重置产业链时不仅要考虑关税问题，还要考虑物流成本、基础设施、供应链、配套产业的完善度和成熟度等。在华跨国公司的生产投资、产业链条等都在中国。同时，我国相对完备的产业配套体系，以及与全球价值链深度融合的地位在短期内难以被替代。

应对新形势下的供应链风险，各行业、各企业应该仔细分析不同产业链的不同情况，具体分析不同的产业、不同的企业在全球产业链中的地位，制定应对策略。

第一，从全球价值链模式向全球价值链与国家价值链模式互动模式转变

从产业分工路径看，中国工业及制造业在过去被视为属于全球产业分工模式下的全球价值链，而国内市场需求则被忽略。在低成本、低价格的比较优势逐步丧失的竞争环境下，我们需要重新审视全球产业格局，这也是减缓国际贸易冲突，提升中国制造业价值链的重要路径。

第二，加快进口替代，避免“断链”风险

进口替代不意味着放弃进口，更不意味着故步自封，它的优势体现在：一是能为本国工业发展创造温和的成长环境，形成自身的技术创新能力；二是改善本国的经济结构，增强经济增长的独立性；三是提升本国在国际分工体系中的地位，加快工业化进程、推动经济发展方式转变。

第三，构建“一带一路”国际合作价值链

中国是“一带一路”沿线国家中的25个国家的最大贸易伙伴国、最大出口产品市场和对外直接投资来源国。我们可以将中国优势产能与优质资源与欧洲发达国家关键技术，以及其他“一带一路”沿线国家的发展需求结合起来，通过相互扩大开放和资源整合利用，构建新型产业分工体系，加快推动中国产业转移、促进国际产能合作，促使更多国家融入全球供应链网络体系之中。

第四，加快同其他经济体双边、诸边自由贸易协定

事实上，过去几十年来全球外部需求主要来自发达经济体，如今随着新兴市场规模的扩大以及生产网络的演变，价值链正在被重新配置。数据显示，过去十年中，中国对经合组织（OECD）发达经济体俱乐部以外国家的出口份额从43%上升到了48%。

因此，在升级已有各类自由贸易协定的基础上，企业应加快推动区域全面经济伙伴关系协定、中日韩自贸区协定、中欧BIT谈判尽早达成，并启动中欧自由贸易协定的可行性研究，加快打造立足周边、辐射“一带一路”、面向全球的自由贸易区网络框架的速度，深度参与推动国际贸易和多边新秩序的建立，进而在未来赢得有利的发展空间。

第五，拥抱创新技术，数字化升级供应链

全球产业链条上的各个公司正在积极尝试使用各种各样的新技术和新方法，期望在规划、采购、制造和交付等各个环节中改善供应链的效率和安全性。这些创新优化了供应链的可预测性、透明度和交付速度，并且令供应链变得更加智能。

在位于深圳盐田港的仓库里，来自美国加利福尼亚州的物流公司Flexport正在将货物转运业务变得数字化。他们意识到了传统物流模式的弊端：从中国向美国或欧洲的少数几个大型配送中心运送只装有单种产品的近1米长的标箱的旧模式，装载量仅仅为65%，造成了极大的资源浪费，也无法满足企业对多样化和快速交付的需求。企业运用机器学习技术可以做到实时分析，由此企业就能用同样排队代运的小件包裹填充剩余的三分之一的空间。目前，供应链管理已经从一项谈判和采购的工作转变为技术与科学职能。

• * • * •

作者手记

在海外一线工作多年，我亲身经历了形形色色的风险案例。

在宏观层面，2008年美国次贷危机引发的全球性金融危机迅速波及全球，令全球资本市场和实体经济一片惨淡。

企业经营层面的微观风险更是不胜枚举。

我们曾经在巴西的一个大型石油工程项目上中标了价值数百万美元的工程设备，业主方正是大名鼎鼎的巴西石油公司。我未曾料想，随着巴西石油行贿丑闻爆发，项目终止，曾经一起把酒言欢的合作伙伴身陷囹圄。

我亲身经历的另一个戏剧性事件能够为海外知识产权风险添加一个注脚。

在美国工作期间，我们在得克萨斯州休斯敦地区考察，寻找可以作为北美地区总部的设施。在地产中介的引领下，我们一行人参观了一间位于休斯敦乔治·布什国际机场附近的日本企业工厂。在厂房内部，一台中国制造的道路起重机正位于厂房中央，几个本地工程师正爬上爬下，从里到外仔细给这台设备进行“体检”。

看到我们这群“不速之客”，这些毫无思想准备的工程师们立即慌乱地从起重机上爬下来，匆忙离开。这些工程师的目的不外乎以下两点：第一，了解中国产品的设计细节；第二，寻找是否存在专利侵权的行为。

这个例子表明，走出国门的中国企业，尤其是在进入欧美市场时，基本上是在本地监管部门或当地竞争对手的显微镜之下开展业务的，如果在专利合规性方面存在瑕疵，非常容易授人以柄。

20 年来中国企业大步走向海外，合规竞争已经成为中国企业必须适应的海外竞争法则。

风险并不可怕，可怕的是无视风险。

中国企业需要把海外经营的合规性提高到前所未有的高度，正视差距，弥补短板，防微杜渐，把海外风险管理融入日常经营管理之中。在新的国际大环境之下，在全球化的风潮中，真正做到以管理的确定性应对外部环境的不确定性，妥善应对“黑天鹅”和“灰犀牛”事件，行稳致远。

第十章

百年变局

——全球化的未来

我们比任何时候都更需要多边合作，而不是单边行动；需要全球性的，而不是单个国家的，要对外开放，而不是走向孤立主义。

——安格拉·多罗特娅·默克尔（Angela Dorothea Merkel）

从超级全球化到全球化再平衡

托马斯·弗里德曼（Thomas Loren Friedman）在其著作《世界是平的》（*The World is Flat*）中，对全球化这一经济现象进行了细腻的分析和描述，而他的观点在世界范围内引发热潮，“世界是平的”这句话被无数企业推崇。

2010 年，当弗里德曼再次翻开《世界是平的》一书时惊讶地发现：在 2004 年“脸书”还不存在，“推特”还是一个象声词，“云”还是天上的云，“大数据”听起来像是一位歌手的名字，大部分人会认为“SKYPE”是一个毫无意义的拼写有误的单词。他发现这一切都是在《世界是平的》一书出版之后才诞生的，不由得再次惊叹这个世界的日新月异。

沧海桑田，又一个十年过去了，经济全球化正经历着重大变化。

尽管全球经济在过去十年间一直保持正增长，但各国的步伐并不一致：按照世界银行的数据，当今世界约有 60% 的经济产出来自距海岸线不超过 100 千米的沿海地区，一些国家尤其是内陆国家在经济全球化过程中被边缘化，甚至成为“被遗忘的角落”，同时它们会反过来制约经济全球化进程。

发展中国家保持相对快速增长，发达经济体持续缓慢增长。发达国家内部的收入差距不断扩大，尤其是美国内部的贫富分化、社会撕裂现象越发明显。

伯尼·桑德斯（Bernie Sanders）在《我们的革命：西方的体制困境和美国的社会危机》（*Our Revolution: A Future to Believe in*）一书中，专门论述了美国中产阶级的衰落，他写道："在今天的美国，包括 20% 的儿童在内的 4 300 万人生活贫困，很多处于极度贫困中。而最富裕的人们以及大企业从来不为民众着想。在大多数美国人生活艰难，对未来失去信心时，富人却更富裕了，位于金字塔尖的 1% 的富人控制着全社会 40% 的财富。"

2019 年 5 月 23 日，美联储发布的抽样调查报告显示，在遇到紧急意外情况需要支出 400 美元时，有 39% 的美国被调查者无法用现金、储蓄卡或信用卡进行支付，这仅仅比 2013 年的情况略好，2013 年有 50% 的被调查者无法自行应对这些看似金额不大的紧急意外支出。

中国固然是经济全球化的受益者，但作为过去 30 年的"世界工厂"，中国的资源环境承受了极大压力，中国同样付出了巨大代价。

在 2009 年，中国的 GDP 超越日本，成为世界上第二大经济体，中国的制造业造就了"世界工厂"的神话，而中国的普通劳动者同样功不可没。2009 年 9 月，美国《时代》杂志将四位普通深圳女工的照片刊登在封面上。

正是这些沉重的代价，让中国在后来的发展中十分关注改革的稳定性和协调性。这也是为什么今天无论是中国的执政者还是企业家，都仍然需要继续担负起"以先富带动后富，最终实现共同富裕"这个改革开放最初的社会共识。

中国共产党十九大报告提出坚决打好"防范化解重大风险、精准脱贫、污染防治"的三大攻坚战，就是以对人民、对历史负责的态度推行的战略性部署。

全球化将何去何从？

台湾大学政治学教授朱云汉认为，当下的全球秩序一方面可能会进入一个较长的崩解与重组期，难免会产生某种程度的混乱与失序；另一方面，可能会迎来一个无论在经济、文化、宗教、族群等方面，皆更能符合对等、互惠、多元、尊重以及公正、发展等原则的新世界，也就是更能构建一个体现“休戚与共”“和而不同”理念的全球新秩序。

哥伦比亚大学教授、前世界银行副行长兼首席经济学家约瑟夫·斯蒂格利茨（Joseph Stiglitz）认为，推进全球化变革的方式有三种，如下所示。

第一种方式是改善“华盛顿共识”，全球化的现有结构在继续延续和发展，而在这一过程中依然由发达国家的大型公司和金融机构制定规则。

曾在世界银行等大型国际组织担任要职的斯蒂格利茨坚决反对这种做法，他认为：“国际货币基金组织的政策就如同从15 000多米的高空向下投掷炸弹，无法看到并解决底层人民的痛苦。”

第二种方式是使用对发展中国家较公平的方式改写全球化规则，通过包容性的全球化为每个国家服务，创造一个共享繁荣的世界，这是斯蒂格利茨推崇的方式。

第三种方式是“新保护主义”，其典型手段包括在美国和墨西哥之间建立隔离墙，以阻止跨国移民；对那些将生产从美国转移出去的公司予以斥责和威胁。

对于这种方式，斯蒂格利茨认为，一些美国人非常怀念“二战”后的美国统治时期，并认为当时的工作似乎很安全，工资很高，但他们心心念念的是一个永远回不去的世界。

丹尼·罗德里克（Dani Rodrick）在他著名的著作《全球化的悖论》（*The*

Globalization Paradox）中指出："政府是每个国家的政府，市场却是全球性的，这就是全球化的致命弱点。"

全球化已经走到尽头了吗？

如今的政经环境确实复杂、严峻，但今天的世界各国在参与国际分工的过程中是高度相互依存的关系。有研究者认为全面逆全球化的成本对每个国家而言都太大了，巨大到任何一个国家都几乎不可能做这样一种激进工程。

从全球范围来看，与全球化相关的利益攸关者的数量远远超过利益受损者，所以全球化有基本支撑力量，反全球化的政治运动基本上只有少数支持者，而且多数出现在西方发达国家。不管是在中国，印度还是巴西，还是很多中小型的欧洲国家与发展中国家，其实都认为自己没有别的选项，而是必须要融入全世界的经济，而且要维护这些原来很不容易建立起来的多边体制和国际规则。

未来，我们需要的不是最大限度的全球化，而是更有智慧、更具包容性、更加和谐共生的全球化。

谁主沉浮

"当今世界正处于百年未有之大变局"，这是我国对世界格局国际形势的重要研判。现在既是"中国近代以来最好的发展时期"，也是中国面对国内外风险和挑战最多的时期。政治多极化、经济全球化、文化多元化、安全碎片化构成了大变局的世界政治经济图谱。世界正处于经济新旧动能转换的关键期，国际格局和力量对比加速演变的关键期，全球治理体系深刻重塑的关键期。

世界的命运、中国的命运、企业的命运、个人的命运从未如此紧密地联系在一起。

2017 年 5 月 14 日和 15 日，北京。首届“一带一路”国际合作高峰论坛举行。来自全球 130 多个国家和地区的 1 500 多名贵宾云集北京，包括 29 个国家的国家元首、政府首脑以及联合国等 70 多位重要国际组织的负责人。

“一带一路”即“丝绸之路经济带”和“21 世纪海上丝绸之路”的简称。这是习近平主席于 2013 年 9 月和 10 月先后在哈萨克斯坦和印度尼西亚提出的倡议。

在首届“一带一路”国际合作高峰论坛开幕式上，习近平主席在主题演讲中阐述了共商共建共享“一带一路”的伟大构想。他说，我们要将“一带一路”建成和平之路、繁荣之路、开放之路、创新之路和文明之路。

将“一带一路”建成和平之路，就是要构建以合作共赢为核心的新型国际关系，打造对话不对抗、结伴不结盟的伙伴关系。

将“一带一路”建成繁荣之路，就是要聚焦发展这个根本性问题，释放各国发展潜力，实现经济大融合、发展大联动、成果大共享。

将“一带一路”建成开放之路，就是要打造开放型合作平台，维护和发展开放型世界经济，共同创造有利于开放发展的环境，推动构建公正、合理、透明的国际经贸投资规则体系。要维护多边贸易体制，推动自由贸易区建设，促进贸易和投资自由化便利化，着力解决发展失衡、治理困境、数字鸿沟、分配差距等问题。

将“一带一路”建成创新之路，就是要坚持创新驱动发展，加强在数字经济、人工智能、纳米技术、量子计算机等前沿领域合作，推动大数据、云计算、智慧城市建设，连接成 21 世纪的数字丝绸之路。

将“一带一路”建成文明之路，就是要以文明交流超越文明隔阂、文明互鉴超越文明冲突、文明共存超越文明优越，推动各国相互理解、相互尊重、相互信任。

“一带一路”倡议彰显了难得的命运共同体意识，提出了宝贵的新思路和新方案，这是中国对于全球化未来发展方向的最好解答。

世界经济一体化浪潮虽历经波折，但大势浩荡、不可阻挡。在全球化的大潮中，中国企业千帆竞发，勇立潮头。

坚定信心，相信自己

从中国经济的动力结构来看，中国经济增长模式具有“双轮驱动”的基本特征。从20世纪90年代中期以来，中国经济增长的动力结构由内需驱动力为主向内外需“双轮驱动”过渡，它们共同构成了推动中国经济增长的强劲力量。

逐渐完善的基础设施，大量熟练的制造业工人和技术人员，有效的汇改和入世等措施，造就了中国不断增强的国际竞争力，使中国抓住了这一轮“超级全球化”带来的黄金机遇，使物美价廉的中国制造的产品走向了全世界。

与此同时，中国拥有近14亿人口的广阔市场，城镇化率接近60%，处于城市化快速推进时期，内在需求旺盛。

从过去20年的历史来看，内需和外需这两种力量轮番交替，共同驱动中国经济增长。中国经济的增长模式既不是过度依赖外需的小国出口导向型模式，也不是完全以内需为主的大国封闭经济体模式，是典型的大国开放型经济体模式。

庞大的市场使中国经济可以充分体现出规模经济的优势。中国制造可以大规模地把工业品的成本迅速“摊薄”，可以实现工业所需的各种复杂配套生产，可以把各种工业品造得极具成本竞争力，又大大增强了中国制造的全球竞争力。这种复杂的工业体系非常有利于新技术的大规模产业化，有利于新技术的诞生。

一位天使投资人讲过一个生动的故事：美国硅谷的一家创新公司想出了点子，要造一个新产品的样品，但因为美国不具备工业生产条件，需要从德国、韩国、中国进口许多零部件，所以他们计划用6个月的时间制作出这个样品。一位长期在中国投资的人建议他们到深圳看看，于是，他们来到了深圳。在深圳待了两个星期之后，他们就找齐了所需的所有配件，造出了样品。

全球化发展并非是线性的，而是呈波浪式前进的态势。全球化已经深入到包括经济、政治、文化、技术及生态等现代生活的方方面面，世界相互依存，仅凭一国之力并不能使这一趋势发生逆转。

拥抱技术变革，坚持创新发展

科学技术是第一生产力，是国家实力的象征，也是企业竞争力的根本，是大国兴衰的内在基因，也是主宰企业沉浮的源起。

从工业革命到信息革命，英国、法国、德国、日本、美国都是依靠抓住某次关键的产业革命机遇而成功崛起、成为世界的科技与经济中心的。

日本科学史家汤浅光朝（Mintomo Yuasa）提出，当一个国家的科学成果数量达到世界科学成果总量的25%时，就可以被称为“世界科学中心”。我们可以将历史上的世界科学中心的转移分为五个阶段：意大利（1540—1610年）、英国（1660—1730年）、法国（1770—1830年）、德国（1830—1920年）、美国（1920年之后），平均维持时间为80年。

按照这一预测，2000年前后美国的世界科技中心地位将受到新兴力量的挑战。

2017 年，美国研究与试验发展经费支出达到 5 432.5 亿美元，位居世界第一，中国研究与试验发展经费支出达到 2 551.1 亿美元，位居世界第二。但中国研究与试验发展经费支出的增速远比美国快，按照 2010 年以来的复合增长率计算，2024 年前后中国研发资金投入将超越美国，成为世界第一。

风险投资是初创企业重要的融资渠道之一，风险投资的活跃程度可以从侧面反映新经济的活力。2016 年全球早期与后期风险投资规模中，美国达 652 亿美元，其次为中国（341 亿美元）、然后是欧洲国家（110 亿美元）。在风险投资的三个阶段——种子期、早期与后期中，中国在早期与后期参与投资的活跃程度比在种子期更活跃，发展速度也远超其他国家。

从代表全球新经济的独角兽企业数量来看，美国和中国企业占比超过 70%，这展现了中国新经济的勃勃生机。据 CB Insight 数据显示，截至 2018 年年底，在全球 311 家独角兽企业中，来自美国的有 151 家，占 48.6%；中国紧随其后，共 88 家，占 28.3%；英国和印度分别位列第三位和第四位，分别有 15 家和 14 家。

新一轮工业革命的发展方向是智能化、数字化和网络化。人工智能、大数据、云计算等信息技术和产品构成了新一轮工业革命的动力产业。智能制造、车联网、智慧城市、智能电网、远程医疗等智能化、数字化、网络化技术密集应用和深度交叉融合的新兴领域，将成为新一轮工业革命的先导产业。更加高效、安全、可靠、稳定的 5G 信息网络，是新一轮工业革命的关键基础设施。

与此同时，新兴技术和商业模式也不断向传统的能源行业、消费品行业和装备行业渗透，逐步打开这些行业的新的增长空间，并与动力产业、先导产业和新基础设施产业一起，共同构成完整的新经济产业体系。

数字经济的蓬勃发展，给中国制造业带来了更多的增长动力，使中国经济未来的形态更加令人期待。

此时此刻运用创新思维、创新范式、创新要素、创新生态、创新路径、创新模式、创新管理是中国企业的必然选择。

可以想见，全球化与新一轮技术革新这两大洪流交汇，必将迸发出巨大的声势与能量。而无法搭乘这一班新技术革命的高速列车的企业，就会被时代远远甩在后面。

优化全球布局，深化海外战略

全球需求地图的变迁、我国发起的“一带一路”倡议、贸易争端带来的冲击，以及世界各地频繁发生的“黑天鹅事件”，基于这些事实，无论是已经走出国门还是即将走出国门的中国企业，都有必要重新审视自己的全球布局和海外战略，进行必要的深化与调整。

全球足迹：布局与融入

全球化步入“后美国时代”，全球经济将出现多元领导格局并形成多个超级板块，亲疏内外有别。过去完整和统一的架构将出现裂痕或被虚化，在全球、大板块与小板块这三个层次之间将充斥着叠床架屋的合作机制与交往规则，非西方国家将寻求新的熔接机制来深化彼此的经济合作，并减弱自身对西方国家的依赖程度。

全球需求地图曾经严重倾向于发达经济体，如今它正在被重新绘制。据麦肯锡估计，到 2025 年，新兴市场将消耗全球近三分之二的制成品，其中包括汽车、建筑产品和机械等产品。预计到 2030 年，发展中国家将占全球消费总量的一半以上。这些国家将继续深入参与全球商品、服务、金融、人员和数据的流动过程。

我国发起的“一带一路”倡议也必将深度重塑全球化版图。

基于以上的变化趋势，每个中国企业都需要持续优化全球发展路线图。

在未来的海外经营中，“本地化”必将成为主题词。

在出海的方式上，传统的国际贸易和简单的海外营销已日渐式微，有实力的企业有必要开展海外投资，深耕当地市场，近距离服务好当地客户。

在出海的思维上，那些以自我为中心的思维模式无疑已经过时。中国企业必须真正“走出去”，系统地融入海外市场，才能赢得一席之地并真正站稳脚跟。

出海企业要像研究中国的五年发展计划一样，深度研究海外国家的发展脉络。印度的“五年计划”、印度尼西亚的“国家振兴计划”、菲律宾的“大建特建”计划、东盟的《互联互通总体规划 2025》、非盟的《2063 年议程》、哈萨克斯坦的“光明之路”新经济政策、土耳其的“中间走廊”倡议、蒙古国的“发展之路”、越南的“两廊一圈”、英国的“英格兰北方经济中心”、波兰的“琥珀之路”、沙特阿拉伯的“愿景 2030”计划、埃及的“苏伊士运河走廊经济带”计划等，都是我们深入研究的对象，由此，我们才能想方设法对接、融入、根植当地市场，为海外发展带来持久动力。

在出海的心态上，无论是企业还是个人，都要避免抱持“过客”心态，只有基于长期思维布局海外市场，真正拥抱、热爱所在国的文化和人民，才能成为本地社会的一部分。

重新定义全球价值链

2019 年初，在研究了全球 43 个国家的 23 个行业价值链之后，麦肯锡全球研究所（MGI）发布了研究报告《转型中的全球化：贸易和价值链的未来》，分析了全球贸易的五大发展趋势。报告指出，过去十年全球价值链正在经历五大转变，如下所示。

产品价值链的贸易密集程度越来越低。从 1995 年到 2007 年，大部分全球价值链中的贸易强度（即总出口与总产出的比率）迅速增长。但最近几年，大部分商品生产价值链中的贸易强度都有所下降。

服务在全球价值链中发挥着越来越重要的作用。2017 年，服务贸易总额达到 5.1 万亿美元，这一数字与 17.3 万亿美元的全球商品贸易总额相去甚远。但在过去十年中，服务贸易的增长速度比货物贸易快很多。

在某些价值链中劳动力成本套利的作用正在减弱。20 世纪 90 年代和 21 世纪初，企业在做应在何处进行生产的决定时都需要重点考虑劳动力成本。然而，企业在如今除了要考虑低工资因素以外，还会考虑劳动力或自然资源、消费者及基础设施的质量。

全球价值链的知识密集程度越来越高。研发上的资本支出和品牌、软件和知识产权（IP）等无形资产的收入份额正在增长，从 2000 年的 5.4% 上升到了 2016 年的 13.1%。这无疑更有利于拥有高技能劳动力、强大的创新和研发能力，以及完整的知识产权保护政策的国家。

价值链正在变得越来越区域性，而非全球性。过去，由于运输和通信成本下降，以及全球价值链扩展到中国和其他发展中国家，跨越大洋的长途贸易变得更为普遍，这种趋势近年来开始逆转。

基于以上发展趋势，企业有必要重新评估考虑如下问题：企业核心竞争力在哪里、如何在科技创新与成本优势之间取得平衡、如何更审慎且明智地选择海外投资地点、怎样从服务中获取更大价值、如何设计灵活而富有弹性的运营模式、如何建立更紧密和稳固的供应链等。

全球化时代的企业社会公民

连绵数年的反全球化声浪已经发出了明确无误的警示，那些赢家通吃的做法只会把全球化推向末路。未来经济全球化的游戏规则需要兼顾资本友善、劳动友善、环境友善，不能独厚大型跨国企业或超级垄断资本，要让中小型企业、微型企业、个体都有直接参与全球经济分工、均衡发展的机遇。

一方面，曾经处于全球产业链底部的中国企业经过多年积累，逐步成为具有成熟研发水平、生产力、品牌的全球化企业，同时积累了较雄厚的财务基础；另一方面，在如今的国际大环境下，员工、社区、供应商、政府、国际组织等利益相关方对跨国企业的社会责任提出了更高的要求。

因而，无论是国有企业还是民营企业，无论是大型企业还是小型企业，无论在中国还是在海外国家，都需要以更高的全球战略观和价值观，从忽视或被动承担社会责任，成长为勇于承担社会责任的全球企业公民。

写在最后

2019 年 4 月，我又一次来到了德国慕尼黑，参加全球第一大工程机械展——bauma 展。与以往参展商的身份不同，这一次我是以咨询顾问和行业研究者的身份参展，因此有更多的时间观察德国社会的一枝一叶、一草一木。

接待我们的旅游公司是一家德国公司，而驾车的司机却来自匈牙利，他在完成接待任务之后，就立刻赶往另一个国家。

离开慕尼黑时，机场里与老牌的海外退税机构 Global Blue 一同提供退税服务的是中国的微信。在微信退税服务台上的工作人员是一位中国女孩儿，神情腼腆而友好。候机长队中的一名年轻男子与身边的朋友热烈交谈，他时而讲中文，时而讲韩语，时而讲英语，根本无从判断他是哪国人。

在这里，让人深深感受到这个世界你中有我，我中有你。

然而，360度环顾整个世界，时而艳阳高照，时而暴风骤雨，“百年未有之大变局”确实是最深刻、最真实的写照。

在大变局之下，没有一个中国企业是旁观者或局外人。

企业总是要经历风雨，世界上的百年企业，无一不是从无数风雨中走过来的。

当危机来临的时候，有人深陷泥潭，有人退却自保，有人转危为安，有人化危为机。

当危机来临的时候，正是考验我们定力的时候。敢于作为，凡墙皆是门；手足无措，凡门皆是墙。

当危机来临的时候，就是重获新生的时候，关键在于我们以什么样的心态去看待、去拼搏、去争取。

改革开放40多年来，中国已深度融入世界，然而换个视角，中国仍有极大空间增进与世界的融合。

数据显示，截至2018年：

中国的贸易额占全球的11%，但服务贸易额仅占全球的6%左右；

中国的银行系统、股票市场和债券市场规模排名全球前三，但外资参与度仍相对有限，占比不足6%；

中国拥有129家《财富》世界500强企业，但他们的海外营收占比不到20%，而标普企业的平均占比为44%；

2018年，中国出境游达到1.5亿人次，另一方面，移民中国的外国人仅占全球移民总数的0.2%；

中国的研发支出位居世界第二，但知识产权进口额是出口额的6倍；

中国大约有 8 亿网民，但跨境数据流动的规模仅为美国的 20%，与新加坡的规模相当；

中国在可再生能源方面的投资占全球的 45%，但碳排放量占全球总量的 28%；

中国的电影市场全球排名第二，但中国排名前十的音乐人在全球领先的音乐媒体上的订阅量仅为韩国前十大顶尖艺人的 3%。

……

一代人有一代人的使命，一代人有一代人的担当，一代人有一代人的长征。每个企业、每个人向前跨出的一小步，汇集起来就是国家发展的一大步。历史终将证明，我们前进道路上的那些“绊脚石”，一定会成为奋斗者的“铺路石”。

风雨之后的大海，必是最美的风景！

参考文献

1. 王千马，梁冬梅 . 新制造时代：李书福与吉利、沃尔沃的超级制造［M］. 北京：中信出版集团，2017.

2. 付于武等 . 重新定义汽车：改变未来汽车的创新技术［M］. 北京：机械工业出版社，2017.

3. 徐涛 . 经济全球化背景下美国跨国公司战略管理研究［C］. 湖北：武汉大学 . 2005.

4. 董庆生，腾辉，安岗 . 通用电气的全球战略［J］. 北方经济，2003.

5. 肖运香 . 通用电气公司全球化战略的动因研究［C］. 北京 : 北京化工大学，2007.

6. 赫尔曼 · 西蒙 . 隐形冠军：未来全球化的先锋［M］. 北京：机械工业出版社，2018.

7. 万慧 . 单打独斗不会有未来［J］. 商业周刊，2018.

8. 王丰，徐直军 . 使能 AI 核聚变［J］. 哈佛商业评论，2018.

9. 斯坦利 · 麦克里斯特尔等 . 赋能 : 打造适应不确定性的敏捷团队［M］. 北京：中信出版集团，2017.

10. 杨国安等 . 人才制高点：企业制胜之道［M］. 北京：商务印书馆，2010.

11. 欧内斯特 · 贡德林，特里 · 霍根，卡伦 · 茨维特科维奇 . 全球领导力 - 全球领导者的 10 项关键行为［M］. 北京：机械工业出版社，2014.

12. 杨国安，李晓红 . 变革的基因：移动互联时代的组织能力创新［M］. 北京：中信出版集团，2016.

13. 杨国安 . 组织能力的杨三角［M］. 北京：机械工业出版社，2012.
14. 李常仓，赵实 . 人才盘点：创建人才驱动型组织［M］. 北京：机械工业出版社，2018.
15. William R.Haycraft. Yellow Steel［M］. Chicago: University of Illinois Press, 2000 .
16. 杨少龙 . 华为靠什么［M］. 北京：中信出版社，2014.
17. 托马斯·弗里德曼 . 世界是平的［M］. 长沙：湖南科学技术出版社，2008.
18. 拉姆·查兰 . 卓有成效的领导者［M］. 北京：机械工业出版社，2018.
19. 莫叶 . 企业全球化背景下的全球领导力研究［C］. 上海：上海外国语大学，2009.
20. 波特·埃里斯曼 . 阿里传：这里是阿里巴巴的世界［M］. 北京：中信出版集团，2015.
21. 海伦·德雷斯凯 . 国际管理：跨国与跨文化管理［M］. 北京：中国人民大学出版社，2015.
22. 王辉耀，苗绿 . 大潮澎湃：中国企业出海 40 年［M］. 北京：中国社会科学出版社，2018.
23. 杨永胜 . 全球竞争力培育［M］. 北京：中国人民大学出版社，2019.
24. 李海燕 . 中国企业海外并购的 28 条“军规”［J］.《财经》杂志，2019.
25. 丹尼·罗德里克 . 全球化的悖论［M］. 北京：中国人民大学出版社，2011.
26. J.D. 万斯 . 乡下人的悲歌［M］. 南京：江苏凤凰文艺出版社，2017.
27. 胡肖然 . 从文化差异看中美贸易冲突［J］. 英国金融时报，2018.
28. 吴晓波，雷李楠 . 隐形冠军：穿越周期而不衰［J］. 哈佛商业评论，

2019.7.
29. 曾伟民 . 四步跨入天生全球企业［J］. 哈佛商业评论，2016.8.
30. 吴晓波，雷李楠 . 天生全球企业：中国的崛起［J］. 哈佛商业评论，2016.8.
31. 艾琳·迈耶 . 跨越文化管理雷区［J］. 哈佛商业评论，2015.3.
32. 潘卡吉·盖马沃特 . 特朗普时代的全球化战略［J］. 哈佛商业评论，2017.7.
33. 艾琳·迈耶 . 跨文化谈判赢家攻略［J］. 哈佛商业评论，2016.2.
34. 王少辉 . 天生全球未必全球赢家［J］. 哈佛商业评论，2016.8.
35. 王辉耀，苗绿 . 全球化与逆全球化［M］. 北京：东方出版社，2017.
36. 郑必坚 . 中流击水［M］. 北京：外交出版社，2018.
37. 纳西姆·尼古拉斯·塔勒布 . 黑天鹅［M］. 北京：中信出版社，2011.
38. 米歇尔·渥克 . 灰犀牛［M］. 北京：中信出版集团，2017.
39. 王辉耀，苗绿 . 全球化向何处去［M］. 北京：中国社会科学出版社，2019.
40. 任泽平，罗志恒 . 全球贸易摩擦与大国兴衰［M］. 北京：人民出版社，2019.
41. 丁伟，陈海燕 . 熵减：华为活力之源［M］. 北京：中信出版集团，2019.
42. 戴维·奥德兹，［德］埃里克·莱曼 . 德国的七个秘密［M］. 北京：中信出版集团，2018.
43. 朱云汉 . 高思在云［M］. 北京：中国人民大学出版社，2015.
44. 托马斯·弗里德曼 . 谢谢你迟到［M］. 长沙：湖南科学技术出版社，2018.
45. 范思杰 . 全球供应链［J］. 经济学人，2019.7.

46. 中国出口信用保险公司 . 国家风险分析报告 2018［M］. 北京：中国金融出版社，2018.

47. 陆如泉等 . 卓越全球化与本地化［M］. 北京：石油工业出版社，2015.

48. 弗雷德里克·皮耶鲁齐，马修·阿伦 . 美国陷阱［M］. 北京：中信出版集团，2019.

后　记

两年前，我出版了第一部以国际化为主题的著作《柳工出海：中国制造的全球化探索》，得到了大批有志于走向海外的中国企业和海外从业者们的积极评价和热忱支持，两年之内已经加印了五次，还有很多企业高层向内部团队推荐团购此书。

与《柳工出海》相比，本书的写作难度远远超出了我的想象。《柳工出海》一书呈现的是一家企业的全球化历程，加上是结合我个人的切身经历，很多篇章的写作可以说是一气呵成。

完成《出海·征途》一书所需研究的企业的宽度、覆盖行业领域的广度，以及全球化业务所涉及的众多专业领域的深度，涵盖的战略、组织、人才、领导力、跨文化管理、海外并购、风险管理、供应链管理等方方面面，对我来说都是极大的挑战。当前全球政经形势的风云变幻更让本书写作的立足点难以把握。

从 2018 年 11 月 18 日开始到 2019 年 8 月底，只要不出差，几乎每个清晨我都是在思考架构、阅读文献、查找案例、动笔写作之中度过的。

好在风起云涌的大时代从不缺少值得记录、研究的素材。虽然外界风云变幻，但中国企业迈向海外的脚步从未停歇，为本书提供了鲜活的案例和无尽的养分，让本书得以孕育、萌芽，最终问世。

衷心感谢浙江吉利控股集团董事长李书福先生于百忙之中拨冗为本书作序，衷心感谢浙江吉利控股集团常务副总裁、CFO 李东辉先生多年来的大力支持和深情厚谊。

衷心感谢中欧国际商学院忻榕教授再次为本书命笔作序。

衷心感谢中国机电产品进出口商会的张钰晶会长、中国对外承包工程商会的房秋晨会长、中国工程机械工业协会的祁俊会长等领导给予的大力支持和热忱推荐。

衷心感谢柳工集团董事长曾光安先生，在我离开柳工的五年中，给予了我很多关心和支持，在本书写作出版过程中亦给予了极其宝贵的指导和无私的支持。

衷心感谢安徽合力叉车集团董事长张德进先生；中共中央党校（国家行政学院）国际战略研究院教授、国际关系与“一带一路”研究所所长赵磊先生；清华大学营销学博导、营创学院院长郑毓煌先生；中欧国际商学院中国企业全球化中心联合主任张华先生；中国高校 EDP 教育联盟主席、浙江大学管理学院 EDP 中心主任孙建平先生对本书的支持。

衷心感谢中国工信出版集团人民邮电出版社的编辑团队，他们自出版《柳工出海》一书以来给予了我很大支持。

在写作本书的过程中，参考的关于全球化研究的中外著作和文献超过 50 部（篇），我在此向各位作者真诚致谢。

借此机会，我还要特别感谢出海领航的客户。

2018 年初，我创办了北京出海领航国际管理顾问公司，专注于帮助中国企业走向海外。随着时间的推移，我们与客户之间的相互了解和信任不断加深，让我们越来越有信心实现“10 年之内帮助 100 家中国企业成为全球化冠军企业”的愿景和目标。

在海外市场一线摸爬滚打了近 10 年，在全球化咨询领域先后耕耘了 8 年，去过近 50 个国家和地区，有机会与世界各国数百位商界人士开展合作后，我懂得了一个朴实的道理：“只有心怀敬畏之心，帮助客户取得成功，才能赢得客户的信任。”

本书被命名为《出海·征途》，是因为我们深知全球化之旅没有终点，全球化永远在路上。幸运的是，我们的出海之旅并不孤单，下一个十年，让我们携手同行，坚定走好每一步，定将踏上一条通往胜利的征途。

黄兆华

2019年10月